全域旅游创新模式研究丛书 戴学锋◎主编

全域旅游撬动全域发展

诗画涉县实现铿锵崛起

# 全域旅游的涉县模式

汪　涛　张金山◎编著

中国旅游出版社

# 《全域旅游的涉县模式》编委会



# 《全域旅游的涉县模式》编委会办公室

# 《全域旅游创新模式研究丛书》序

1978 年十一届三中全会拉开了中国改革开放的大幕，当时要解决的核心问题是生产要素固化的问题，那时候每一个机器设备、每一块土地、每一项技术甚至每一个人，都被固化在“单位”上，不能按照市场的要求流动。十一届三中全会决议最重要的就是要打破几十年计划体制形成的生产要素固化的弊端，然而从哪里入手突破？为此，邓小平同志于 1979 年黄山讲话，把旅游业作为了改革开放先行先试的行业。

十一届三中全会的第二年——1979年出台了《中华人民共和国合资经营企业法》，1980 年就有三家合资企业诞生——京港合资北京航空食品有限公司、中美合资北京建国饭店和中美合资长城饭店，这三家企业中，有“两家半”是旅游企业。这些企业在打破生产要素固化，特别是打破人事管理固化的计划经济体制方面做出了积极的贡献，在企业内部用人制度上，实现了取消干部和工人的界限，打破了八级工制只能上不能下、收入封顶、干多干少收入一样、企业不能辞退员工等僵化的计划体制弊端，为生产要素按照市场需要的方式配置进行了积极有效的探索。此后，深谙邓小平同志改革开放理论的胡耀邦同志提出全国学建国，把旅游业的改革经验推广到了全国。

由于中国的改革开放走的是一条渐进式的改革道路，经过改革开放 40 多年的实践，我国在打破生产要素固化方面已经较为完善，然而在对市场经济的管理方式上，不适应当前市场经济发展的方面还不少，而且越早制定的法规条例越不适应市场经济发展的需要。因此，在 2013 年再次启动改革的十八届三中全会上，提出了“使市场在资源配置中起决定性作用”的重要思想，并提出“全面深化改革的总目标是完善和发展中国特色社会主义制度，推进国家治理体系和治理能力现代化”。十八届三中全会的第二年，也就是被社会各界认为是中国全面深化改革元年的 2014 年，国务院出

台了 31 号文《关于促进旅游业改革发展的若干意见》，显然是再次把旅游业作为了改革的破冰产业。

作为全面深化改革破冰产业的旅游业从哪里入手，怎么解决管理体制僵化的矛盾，如何建立起“使市场在资源配置中起决定性作用”的管理体制，面对一系列问题，国家旅游行政管理最高层开出的药方是“全域旅游”：全域旅游是指在一定区域内，以旅游业为优势产业，通过对区域内经济社会资源尤其是旅游资源、相关产业、生态环境、公共服务、体制机制、政策法规、文明素质等进行全方位、系统化的优化提升，实现区域资源有机整合、产业融合发展、社会共建共享，以旅游业带动和促进经济社会协调发展的一种新的区域协调发展理念和模式。

改革开放之初，以旅游业为突破口带动全面改革开放的一个重要举措，就是中央层面的改革开放思想在解放生产要素的最基层——企业上率先实践，从而融化了生产要素固化的坚冰，使改革开放落到了实处。全面深化改革关键是“推进国家治理体系和治理能力现代化”和“使市场在资源配置中起决定性作用”，也就是要解决政府对市场经济管理方式固化的问题，此时的最基层显然是基层政府，也就是以旅游业为优势产业的县。因为，县级是自秦始皇制定郡县制以来，中国最基本的行政管理细胞。全域旅游通过县级层面的先行先试，突破不再适应社会主义市场经济的体制机制、政策法规、软硬各种环境，建立起以旅游市场分配资源的新理念，以旅游业带动社会经济全面发展的新模式。

自全域旅游概念提出以来，以旅游业为优势产业的地区，围绕让旅游市场在资源分配中发挥决定性作用，以创建全域旅游示范区为抓手，在全国各地探索了很多创新管理经验，有的在旅游业管理体制机制上，有的在招商引资方式上，有的在土地利用上，有的在财政金融支持上，有的在旅游市场治理上，有的在维护旅游者合法权益上等方面进行了全方位积极的探索。为了进一步总结各地创建全域旅游示范区中的经验，我们组织编写了这套《全域旅游创新模式研究丛书》，希望全域旅游示范区建设在推动全面深化改革中的好做法能得到广泛推广，希望旅游业能为全面深化改革做出更大贡献。

戴学锋

# 目录
CONTENTS

# 前言

## 全域旅游撬动全域发展 诗画涉县实现铿锵崛起

太行山似海，波澜壮天地。山峡十九转，奇峰当面立。

清漳映垂柳，灌溉稻黍稷。园田村舍景，无与江南异。

——摘自陈毅《过太行山书怀》

这里是千年古县、女娲故里，人类文明的发祥地；

这里是革命老区、红色圣地，邓小平改革开放思想的发源地；

这里是生态福地、太行画廊，国家级生态示范区；

这里，旅游资源得天独厚，在国家全域旅游示范区创建工作中走出一条具有特色的新路子，被国家旅游主管部门称为“全域旅游的涉县模式”。

河北涉县地处太行山东麓、冀晋豫三省交界处，因涉清漳水而得名，素有“秦晋之要冲、燕赵之名邑”之美称。涉县还是邯郸市唯一的全山区县。这里风光秀美，山水怡人，森林覆盖率高达56%，是全国绿化模范县、国家级生态示范区，被誉为“太行山首绿之地”。这里旅游资源丰富，古有“三槐九景十八峪”之美称，今有露天博物馆之赞誉。境内拥有各类遗址、遗迹300多处，全国重点文物保护单位6处，省级文物保护单位15处，是神话传说中女娲炼石补天、抟土造人的地方。现存的娲皇宫是我国建筑规模最大、建造时间最早的祭祀女娲的古建筑群，被誉为“华夏祖庙”。抗日战争时期，八路军一二九师在这里战斗生活达 6 年之久，晋冀鲁豫边区政府、陕北新华广播电台等 110 多个重要机关进驻或在此成立，为涉县留下了众多的红色革命遗址。

如何发挥这些旅游资源优势，实现经济结构转型升级和县域经济高质量发展？2016 年 2 月，涉县被国家旅游主管部门列为首批全域旅游示范区创建单位，抓住创建“国家全域旅游示范区”的有利机遇，在国家和河北省、邯郸市文化旅游部门的大力指导和帮助下，县委两次组织全委会开展专题研究全域旅游工作，按照国家和省、市旅游部门的要求，打好全域旅游的攻坚战、翻身仗。

我们认为涉县的转型升级、换道超车、经济社会发展，应该转到全域旅游发展上来，应该把旅游发展作为涉县整个经济社会发展的总统领。全县人民在县委、县政府的坚强领导下，在全域旅游发展上拧成了一股绳，抱成了一个团，用一条心、一个音、一股劲儿往前冲，使涉县的全域旅游发展走在了前列。

通过发展全域旅游，使涉县成为邯郸的旗帜。市委、市政府称赞涉县是邯郸经济社会发展的旗帜，是邯郸干部群众心中的一面旗帜；省里的领导肯定我们是领跑河北的；国家部委的领导称赞涉县很多工作在中国是先进的，涉县成为邯郸旗帜、河北领跑、全国先进。这些成绩的取得，经济社会的发展，完全就是全域旅游的拉动。

在 2017 年正月初七全县领导干部大会上，涉县县委汪涛书记就讲过，涉县面临着灾后重建压力大、新旧动能转换慢、财政收支压力大、加速发展压力大、改善民生压力大、社会稳定压力大、作风建设压力大“七座大山”的重重压迫，要想把这“七座大山”搬掉，实现经济社会的腾飞，靠什么？就是靠全域旅游。所以，涉县利用 2017 年正月初七、初八、初九三天时间，组织全县 300 多名干部，集中封闭学习全域旅游如何抓、如何发挥每个岗位的重要作用，如何做好全域旅游的规划，如何来做全域旅游的推进工作。

2017 年新年伊始，涉县就开启了“三个一百天”的大会战。第一，利用 2017 年春天 100 个日日夜夜的奋战，河北第一个县级筹办的旅发大会震撼登场。高标准、高质量承办了邯郸市第一届旅游产业发展大会。旅发大会不为办会而办会，而是办成了旅发年。第二，用 100 天的时间，打造了 120 平方公里的中国太行红河谷核心区域，修了近200公里七彩旅游道路，建成世界最长的七彩马拉松赛道，建成60公里长的韩王天路，拆掉了200多万平方米的“散乱污”，新建42个项目，开展28项文体活动，好多都是中国第一、世界领先。第三，在100天的时间内，涉县全面加快构建现代化经济体系步伐，以转型升级为主线，以产业园区为平台，大打重点项目建设百日攻坚战，在新时代全面建设富强涉县、美丽涉县、幸福涉县的征程上，迈出了坚实的步伐。总占地5万平方米的瑞图建材装备制造项目达产达效，产品出口韩国、日本、欧美的纺织产业园开工建设，总投资119亿元的航空材料项目进展顺利……2017年签约项目320多个，总投资近千亿元，比去年翻了一番还多，创造了涉县重点项目建设史的最好成绩；落地项目160多个，实现投产达效项目90多个，总投资超过380亿元，是近年来落地项目最多、项目单体投资最大的一个时期。2017年9月9日晚上，在河北省第五次县委书记工作交流会上，涉县县委书记汪涛在10个县委书记当中第一个发言，全场报以最高的肯定和最热烈的掌声。在秦皇岛举办的河北省第二届旅发大会上，涉县县委书记汪涛被省委、省政府安排做重点经验介绍，省委书记和省长都给予涉县很大的肯定，在秦皇岛开会涉县走红了。通过抓全域旅游，涉县人民真真正正地得到了实惠，仅2017年通过抓全域旅游，全县新增就业岗位1万多个。总书记提出建设美丽中国，美丽中国是什么呢，就是要率先发展全域旅游。涉县县委、县政府认为，全域旅游不仅仅是一个业态，更是一种思路，更是一个目标，是经济社会发展最美的一种状态。如果全域旅游发展好了，不仅仅吸引游客，社会投资人等各要素都会聚集，就会成为发展的高地，就会成为以全域旅游来拉动经济社会发展的火红实践地。

全域旅游为涉县经济带来了新活力，为涉县带来了新发展，为涉县党心民心带来了新提升。具体来讲，突出表现为“四个重大拐点”。一是旅游景点实现了从数量的增长到质量的提升。2017年一年全县有六七十个全域旅游项目，仅旅发大会就新建42个项目，实现了整个旅游环境的改善和旅游质量的提升。二是实现了从门票经济到产业经济的跨越。一次性新增收费景区18个，门票总额度由原有150元增加到1200元，加上吃住和消费，旅游综合收入可以达到人均“三个一千”，旅游产业已经成为县域经济重大的增长极，已经成长为全县的战略性支柱产业。三是实现了从景点游到全域游的突破。现在在涉县，实现了从一日游到三日游、五日游、七日游、一月游、两月游、整夏游、整年游的延伸，成为全域游重要突破。四是游客总量实现了大的突破。2016 年全县游客总量是 400 万人次，2017 年突破 1000 万人次，游客总量就县域而言在河北省排在第一位，这在全国也是不多见的。2018 年春节期间，利用腊月二十九到正月十七，举办了中国北方年文化节，短短 19 天的时间里来涉县游客有 226 万。2018 年的“五一”三天小长假，来涉县的游客有 42 万，中华母亲诗朗诵、“女娲杯”旗袍大赛、国际红马等十几项大型活动，使各地的游客都会聚在涉县。从 2018 年年初到现在，每天来涉县的游客量在河北省都排在前列。每到周末，各大宾馆饭店爆满，很多人都订不上房间。2017 年旅发大会前，整个涉县的接待床位不足 1000 张，到现在可以容纳 3 万人同时吃住，实现 30 倍的增长。民宿、宾馆、假日酒店、房车露营地等业态成为涉县经济社会发展的一个重要组成部分。

全域旅游给涉县带来的变化不仅是物质的，更是精神层面的。涉县不仅在全域旅游上做了一些看得见、摸得着的事情，吸引了一批游客过来，更重要的是把全县人民的心扭到了、带到了“全域旅游”这四个字上来。县委、县政府和各级党委政府都将全域旅游作为经济社会发展的一个重要目标。涉县的党建“六让六更”经验（让农村堡垒更坚固、让党旗更鲜红、让集体更壮大、让群众更富裕、让生态更优美、让游客更满意）被河北省委和中组部推广，最后一个“让”和“更”就是让游客更满意，这已经成为全县共产党人的旗帜，在每一个党支部都能看到。什么是全域旅游？这才是真正意义上的全域旅游。

涉县有关全域旅游的主要做法集中在以下五个方面：

## 一、统一思想，坚定政治站位，把全域旅游发展当作为人民谋幸福的重大举措，当作“幸福是奋斗出来的”奋斗历程

作为首批全国全域旅游示范区创建单位，能否答好考卷、考出高分，确保强势开局、首战必胜，一举争创成功，首先要解决部分干部信心不足、思想畏惧的问题。对此，把统一思想、凝聚人心当作最紧迫的政治任务来抓，形成了强大的攻坚合力。一是各级党委、政府“一把手”抓全域旅游发展。不仅仅是要求大家这样做，而是把要求变成了大家的自觉行动，乡镇党委书记、各大局的局长和旅游公司的负责同志都是在全域旅游中被涉县人民公认的能干之人，全域旅游深得人心，全域旅游为全县带来

了巨大的福祉。二是集全县之力，汇全民之智抓全域旅游发展。从 2017 年正月初七的封闭学习开始，连续举行了四次全域旅游封闭培训。召开了六次面向人民群众的电视直播、微信直播会议，来动员和组织全县人民奋斗起来搞旅游、抓发展，让全县人民把自己的基础资源、自然资源变成旅游发展的经济优势，变成经济社会发展的“每一桶金”。三是各级领导干部做给大家看，带着大家干。全域旅游说起来大家都认为很重视，但抓起来怎么能做到言行一致呢？在很多地方，往往都是喊得多、做得少，表态多、落实差，涉县是怎么解决这个问题的呢？各级领导干部，涉县县委书记和县长、乡镇的党委书记和乡镇长、各单位的局长，亲自抓，上一线。为了抓全域旅游，大家在一线转变作风，在一线破解难题，在一线贯彻落实，在一线推进项目建设。为了推进全域旅游，把坚强的支部建在旅游工地上，推动涉县的全域旅游实现“井喷式”增长。四是用事实说话，用成效示范。全域旅游发展，有一个观念转变的过程。比如 2017 年搞旅发大会，开始很多同志认为搞旅发大会的时间紧、任务重，100 多天要完成 42 个项目、120 平方公里的红河谷建设，要拆掉 200 多万平方米的“散乱污”，要打造绿的世界、花的海洋、水的源泉、云的故乡、旅游的胜地、生活的天堂，大家都认为太难了。四套班子主要领导、各乡镇党委书记、各单位的局长，站起来往前冲。2017 年 2 月 22 日，一场大雪下在了太行山上，给太行山人民带来

▲ 庄子岭漫山红叶

了丰收的喜悦和希望，同时也给正在奔跑着建设旅游项目的涉县人民带来了困难和阻力。原定 23 日早晨要在韩王山上剪彩，但因为雪太大，同志们都说这还怎么剪彩，韩王山海拔 900 多米，冒着大雪上山是要命的。为了展现发展全域旅游的坚定决心，涉县县委书记和县长带着交通局、涉城镇的同志们早晨 5 点起来开始扫雪，然后汽车带着防滑链开到了韩王山上，按照原定计划，整时整点举行了项目剪彩。在场同志深受鼓舞，全县振奋，大家都说县委、县政府为了抓全域旅游连命都不要了。用了 60 天时间，到 4 月 22 日晚上，就把韩王天路建成了，感天动地。剪彩的时候下着大雪，竣工那天雷雨交加，苍天不负有心人，就用这样的事实来说话，来教育、引导大家投入火红的实践。

## 二、立足优势搞创建，战略眼光绘蓝图，高站位、高水准定好全域旅游建设的规划图

十几年前，中国社科院财政与贸易经济研究所的专家就来涉县帮助涉县谋划旅游发展，帮助涉县搞旅游规划。涉县始终坚持全域旅游的发展规划思路，以战略的思维、长远的眼光，高站位做好全域旅游发展规划，确立了“一体两翼”的发展思路。围绕游客愿意来，群众增收快的目标，坚定走以红色旅游为主体，根祖旅游、山水旅游为两翼的全域旅游发展之路，把全域划分为“东部千里旅游通道带、中部休闲养生带、西部生态支撑带”，三带联动发展，擦亮“生态肺城、诗画涉县”品牌，实现“自然景观、人文景观、现代景观”三景迸发，得到“生态环境好、群众钱袋鼓、政府财税增”的三赢效果，建设全国旅游景点最密集、旅游经济最活跃的区域。聚焦提高创建水平、激发旅游活力，坚持不做盆景做全景，不做庸品做精品，不做昙花做持久，不做过客做常客，不做热闹做门道，不做门票做产业，走出了一条具有涉县特色的路子，被国家旅游主管部门称为“全域旅游的涉县模式”，也就是“1234567”的全域旅游发展蓝图。

“1”就是坚持“一个总体思路”：立足于涉县是中华文明的发祥地、中国人民解放军的诞生地、邓小平改革开放思想的发源地、中央人民政府的原型地，是太行首绿之地，素有“华北第一蓝”的美称，文化底蕴深厚，各种优势突出的县情，确立了以红色旅游为引领，根祖旅游、山水旅游为两翼的全域旅游发展之路，着力打造全国优

秀旅游城市、休闲旅游胜地、国内知名旅游目的地。预计到 2021 年，全县旅游综合收入达到 100 亿元，旅游业增加值占全县 GDP 比重达到 15%。

“2”就是瞄准“两个基本目标”：第一个目标是用一到两年时间，集中精力做精做美中国太行红河谷景区，把 120 多平方公里的中国太行红河谷景区打造成全国最美、景区最密集、吸引力最强的景区之一。第二个目标是同时推进覆盖全县的“396”旅游景区体系，以“中国太行红河谷、太行梯田大峡谷、太行红叶大峡谷”三谷为支撑，建设和提升娲皇宫、八路军一二九师纪念馆红色教育基地、太行五指山、太行梯田大峡谷、韩王九寨、太行红叶大峡谷、符山洞天福地、七佛湖（茅岭底水库）等 9 大景区，辐射带动清泉寺、九峰山、南山寺、长生寺等 60 多个中小景区。其中，太行红叶大峡谷，在偏城和鹿头 2 个乡镇，占地面积 200 平方公里；太行梯田大峡谷，涉及 3 个乡镇，井店镇、更乐镇的部分和关防乡的全部。占地面积 21 万亩的太行梯田已经成为中国重要的农业文化遗产，正在申报全球重要的农业文化遗产。2018 年 8 月，申报“全球重要农业文化遗产”的河北涉县旱作梯田系统亮相第五届东亚地区农业文化遗产学术研讨会，得到了联合国粮农组织全球重要农业文化遗产科学咨询小组专家的高度赞赏。涉县旱作梯田系统有望摘得全球世界农业文化遗产的桂冠。占地不到 200 平方公里的梯田大峡谷，已经跨马升级，打造的 6 个节点已经成为全域旅游重要的增长极。看梯田，不用到南方，也不用到其他地方，来涉县看梯田，你将领略太行梯田的雄伟。到王金庄，到关防后池，到更乐大洼、江新，将会享受到梯田文化的瑰丽，将会感悟到人生就像梯田，现在的奋斗就像是攀登梯田，只有艰难地、一步一个台阶地往上爬，才会登上顶峰。对于梯田，既是在做旅游，又是在做文化，更重要的是在做精神。涉县的梯田博物馆、后池村已经成为中国梯田建设的一面旗帜。在这片梯田里，打造了“不忘初心、牢记使命”研学基地、“新愚公”精神、民心谷、先锋岭、愚公坡、追梦路、圆梦峰，在这里能够看到全世界最大的山体植被党旗，占地 3710 平方米，那是新愚公们用自己对党的深情的爱，用辛苦的汗水，一镐一镐、一棵一棵栽出来的，那不是树，那是党旗，那是人心。通过这两年的努力，涉县的老景区翻天覆地，新景区拔地而起。2017 年，涉县建设了 60 多个旅游项目，2018 年又打造了赛马场、紫云洞狩猎场等旅游项目。占地 194 亩、拥有 3000 个座位、王潮歌团队打造、香港人投资的大型实景演出，以及娲皇宫下占地 700 亩的中华文化园、野

生动物园、四合小镇等文化旅游项目也纷纷涌现。

“3”就是按照“三项原则”抓推进：一是只争第一的原则。坚持不做盆景做全景，不做庸品做精品，不做昙花做持久，不做过客做常客，不做热闹做门道，不做门票做产业，要建景点就努力建世界第一、全国第一，办活动就办国际、全国级别的。如建设的赤水湾胜利桥，是全国第一座红桥，也是我国第一座水上玻璃栈桥；清漳水韵是全世界第一的水车王，单体直径最大25.8米；建了世界第一条七彩马拉松赛道，也是七彩漫游道；开创葫芦丝合奏人数最多的吉尼斯世界纪录，红色涉县国际马拉松大赛成为国家级A类赛事，等等，极大地扩大了涉县旅游的影响力。二是高标极致的原则。发扬工匠精神，事事追求卓越、追求极致，注重细节、精雕细琢，好上加好、精益求精。包括每一个节点，每一件旅游产品、每一条道路、每一个符号，都是用心血和汗水浇铸的，都是涉县的创新。比如，胜利大道上的胜利玻璃桥、胜利火炬，将伟大的革命精神、伟大的反法西斯民族主义精神、伟大的抗日救国精神传向四方。涉县修建千里乡村旅游通道，不满足于四五米宽的普通标准，而是修建了平均9米宽、可以双向通行中巴车、几十年不落后的高标准道路；不仅建设了七彩路，而且沿路进行了高水平景观化建设，多彩化造林、多元素植入、多节点打造，路即是景，路景交融，引人入胜，前来自驾游的旅客络绎不绝。特别是修建的云中天路、韩王天路、王后天路、圣福天路，穿行于悬崖峭壁之间，比贵州晴隆二十四道拐还要险要，被誉为“最美太行天路”，群众赞道：“把路修到天上，双手托起月亮。邀请嫦娥下凡，共赏涉县风光。”三是科学节俭的原则。坚持以过日子的信念干工作，用最小的投入，少花钱或花最少的钱办最多的事。发展旅游投资大、工程量大、影响大，必须面向市场科学选择项目、用心建设，精心发展、提升效益。修建的青龙公路，利用轮胎、水缸、废旧物品打造了石船、亲水台、休闲广场、愚公雕塑等精品节点；圣福天路依托自然小村原始风貌和各类树木，打造了响石传说、日月同辉、响石岭地质公园等10余处景观节点；井关公路、下江公路、郊口路等农村路充分利用地形地貌，就地取材或变废为宝，不仅有特色，而且花费很小，营造了“快进慢出、移步换景、流连忘返”的公路通行环境。

“4”就是秉持市场化、便捷化、特色化、智慧化四大理念。一是秉持市场化的理念。敞开大门搞旅游，通过调动全社会的活力，采取市场化的运作方式来搞旅游。旅

▲ 胜利大桥夕照

发大会的 42 个项目中 70% 是市场主体的投资，幸福花海、玻璃栈桥、狐仙月季园等项目业态，全部是通过招商引资建设，建成后实行公司化运营，财政没有花一分钱。二是秉持便捷化的理念。坚持以游客为中心，投资 1000 余万元建成了涉县游客服务中心，为广大游客提供免费旅游咨询、票务、商务、会议、购物、休闲娱乐等综合性的旅游服务。全县 17 个乡镇、村全部启动乡镇旅游服务中心、村全域旅游发展服务中心（站）、旅游驿站、小型停车场等旅游基础配套设施建设，为来涉县的游客提供了更高效、更周到、更细致、更及时的服务，让游客享受到宾至如归的贴心服务和温暖体验。三是秉持特色化的理念。旅游产业是“眼球”经济，游客追求的是新奇刺激的感受，所以，坚持“人无我有、人有我优”的理念，彰显特色，打造亮点，展示鲜明的特征和强烈的个性，以独有的魅力吸引更多的游客。千里乡村旅游通道沿线各村，坚持一村一景、一路一景，建设各具特色的餐饮、住宿、景观“三节点”，避免同质竞争，视觉疲劳。例如，整合井店镇王金庄、更乐镇张家庄、关防乡后池村等旱作梯田资源，积极申报全球重要农业文化遗产，打造了太行梯田大峡谷景区。深入挖掘广大农村的石街石道、石房石墙、石桌石凳、石碾石磨等石头文化，为游客打造了一个独具魅力的“石头王国”。四是秉持智慧化的理念。紧跟市场需求、游客需要，加快景区数字化、智慧化进程，打造智慧景区、智慧服务。所有景区都实现了 Wi-Fi 全覆盖，监控全覆盖，全景展示，线上线下同时售票。斥资 350 万元，建立了涉县旅游信息平台，具备影像监控、治安、交通、客流信息汇总等功能。娲皇宫、八路军一二九师纪念馆、五指山等景区加大投资，开展智慧景区建设，设立了智能导游、电子讲解、网上服务等功能，实现了景区智能化。

“5”就是突出抓好五个重点环节。一是规划引领。做全域旅游规划，既有专家，又有基层一线的同志，还有旅游工作者，大家坐下来探讨，涉县的全域旅游怎么发展，这个规划怎么定，不是“专家在图中画”不接地气那种情况，而是专家的高超理论和理念与涉县的实干实践、与涉县的地气、与太行山融合在一起。涉县的规划是上通天、下接地、中间到达了人民群众的心里。二是生态优先。坚决贯彻落实习近平总书记“绿水青山就是金山银山”理念。搞旅游没有生态是不行的，这个生态不单单是指绿化和栽树，而是包括自然生态、绿化生态、环境生态、政治生态和社会生态五种生态。自 2013 年以来，累计完成造林 80 多万亩，其中工程造林 30 多万亩，全县人均造林投入 1500 元，是全国人均投入最多的。林业部的领导、省里的主管省长、市委书记到涉县看了以后，在全国、全省、全市推广“667”造林法，创造了中国造林的新机制。第一个“6”，就是六化，即市场化运作、多元化投入、工程化实施、责任化推进、精致化栽管、彩色化效果；第二个“6”，就是六步，即刨坑、挡板、客土、栽树、浇水、管理；“7”就是七株，即在一个鱼鳞坑内中间栽一株侧柏，两边各栽三棵黄栌、连翘，常年是绿色，春天是绿黄相间，秋天是绿红相间，这样用不了五年，涉县的山体将会是万紫千红。涉县的“667”道路建设法，创造了中国奇迹，创造了中国农村道路建设的新机制，交通部的领导，河北省委、省政府的领导，省交通厅的领导对涉县给予高度评价。2017 年的第二个一百天，修建了 660 公里长、平均 9 米宽，贯穿 3 个省，跨越 10 个乡镇 158 个村庄的千里乡村旅游通道，从河南安阳的殷都区，一直修到了山西晋中地区的左权县。660 公里 100 多天，要按交通部领导的话讲，要按国家的标准来做，在有钱的前提下，需要三年以上，需要投资 40 多个亿，而在涉县，打了一场修路的人民战争，人民群众有力出力、有工出工、有钱出钱、有物出物，在涉县的涉县人和在神州的涉县人，共同携起手来，用100多天的时间修了660公里的路，创造了修路史上的奇迹。国家交通部把涉县的事迹报到了国务院，要奖励涉县2500万元，涉县农村公路在河北省排第一、全国排先进。2017年修的路叫“三千里路云和月”“七路带七兴”。涉县是在什么背景下修的千里乡村旅游通道？是在2016年遭受特大洪涝灾害、几十年修的路一夜之间毁于一旦的背景下修的。2016年7月19日，特大洪涝灾害给涉县人民带来了灾难，房子倒了，道路冲了，学校没了，医院垮了，在这种情况下，发展了全域旅游。当时，谁都不敢拿这个活儿，县领导班子一商量，就是一个字“拿”，就是要以全域旅游凝聚人心、汇聚民智、聚集力量，不仅要抓好灾后重建，更要把涉县引领到一个新的奔跑着发展的全域旅游境界上来。当时在300多人的大会上，县委、县政府明确表态，就是要带领全县人民走全域旅游的道路。三是管理提升。坚持软件硬件两手抓，坚决不做一哄而上，热闹一时的事，而是注重建立长期的管理机制，做到长久美丽、经营美丽。太行红河谷新栽的树全部交给林业公司管护，成为绿色不动产。成立红河谷旅游开发公司，改变过去景点各自为战、围墙内外两重天的现象，对整个片区进行综合运营管理。四是宣传推介。投资近700万元在途经涉县列车上、北京西客站、邯郸公交车站牌、公交车身、候车廊，以及太行红河谷和5个重要出县口，大范围、全方位对涉县旅游进行推广宣传。文化宣传战线呈现出了百花齐放、百家争鸣的生动局面，干部群众自创、自演几千个作品，通过新媒体等多种形式广泛传播，先后在新华社、人民日报社、光明日报社、中央电视台、新华网等各级主流传统媒体和网站、微信公众号等新媒体刊发稿件上万篇，受到河北省委宣传部的重点表扬，在国内外引起轰动效应。创作以展现诗画涉县、生态肺城新气象、新面貌为题材的诗词、歌曲、书画、影像等艺术精品200多件。特别是在涉县取景拍摄的电视连续剧《太行山上》，荣获“五个一工程”奖。微电影《我在涉县等你》网上点击量达390多万次。2018年，中央电视台“发现之旅”节目组在涉县拍摄《美丽中华行》栏目，节目编制完成后于2019年在中央电视台和香港卫视播放。涉县朝着“中国的涉县、世界的涉县”品牌迈出了新的步伐。五是繁荣活动。在涉县抓全域旅游，坚持了五条原则。第一条，就是以机制促旅游；第二条，就是以投入促旅游；第三条，就是以活动促旅游；第四条，就是以重视促旅游；

第五条，就是用全局的力量促旅游。所以机制、领导、投入、智慧，使涉县的全域旅游在奔跑着发展。42 万人在全域旅游的道路上，跑着一个步，合着一个音，手牵手奔跑在全域旅游发展的路上。

“6”就是抓住“吃住行游购娱”六个关键。在吃上抓特色，在住上抓舒适，在行上抓通畅，在游上抓水平，在购上抓实惠，在娱上抓欢乐等。建设了四通八达的旅游公路，特别是千里乡村旅游通道贯穿 10 个乡镇、158 个村，覆盖面积 1000 多平方公里，涵盖了全县旅游资源最丰富的地区，有国家和省级美丽乡村，有景点 40 多个，有全国文明村后池村，有涉县红色旅游、山水旅游、根祖旅游和梯田文化、石头文化、大院文化、民俗文化等十大文化脉系，打通了全域旅游建设的“最后一公里”。新建了同时容纳 1600 人就餐住宿的赤水湾大酒店，县城宾馆酒店床位达 3000 张，全县达到 2 万张，这在全国都是不多见的。配套建设了小吃一条街，并不失时机地举办北方小吃节，选派美食爱好者提供无偿服务的同时学到了技术，成为一个带不走的美食节。建设了旅游商品一条街，开发各类旅游商品 2000 多种。建设了集停车、购物、如厕、乘凉、照相、维权“六项功能”于一体，遍布景区的旅游驿站，使游客在一个地方可以解决所有需求。新增农家乐 300 多家，接待能力大幅提升。

“7”就是取得“全域覆盖、全景打造、全业融合、全时游览、全优服务、全员参与、全民共享”七全旅游成效。全域覆盖：就是把县域 1509 平方公里的区域，打造成一个大景区。千里乡村旅游通道全线贯通后，将太行红叶大峡谷、太行梯田大峡谷等五个综合旅游片区串联起来，并与河南、山西、武安、磁县等地景点相连接；同时，娲皇大道、将军大道、五指山景区连接线、太行红河谷等旅游专线发挥强大联通作用，打造了全域旅游发展新格局。全景打造：就是红、古、绿、山水、乡村等各类景观应有尽有，可满足不同人群、不同阶层的需求，比如有老年怀旧的红色记忆小镇，青年人运动休闲的好去处——五指山，学生接受红色爱国主义教育的八路军一二九师纪念馆，孩子们亲水嬉戏的蓝精灵欢乐岛，感受中华文化博大精深的娲皇宫。全业融合：就是大力实施旅游供给侧改革，以旅游产业带动一、二产业融合发展。全时游览：就是一年四季各不同，春踏青夏纳凉，秋赏红叶冬避霾，白天观景夜晚赏灯，各项文体活动精彩纷呈，全季、全时有看头、有看点、有亮点。全优服务：各种旅游设施配套齐全，尤其是旅游厕所建设，达到了原国家旅游局提出的“数量充足、干净

▲ 娲皇宫

无味、实用免费、管理有效”十六字要求，全县基本完成旅游厕所革命任务。全员参与：就是全党发动，全民参与，“人人都是环境、人人代表涉县”。特别是 2018 年，创新实施了乡村振兴“百千万”工程，就是要在千里乡村旅游通道沿线和水源条件较好的乡镇、村，建设 100 多座兼顾防洪、灌溉、涵养水源及景观效果的塘坝水体，既解决了灌溉难题，又打造了水景观，实现“百颗明珠耀太行”；按照“增黄添红强绿”的原则，建设 1000 个以上太行山家庭林场，每个 100 亩以上，既实现了群众钱包鼓，又让涉县成为太行山上最美的、最景观化的地方，实现“千家林场绿太行”；深入挖掘丰富多彩的群众民俗活动、土生土长的农副特色产品、休闲淳朴的乡村生活模式，打造 1 万户以上的民宿、农家乐、渔家乐、特产小吃等民俗新旅游元素，带动广大群众增收致富，实现“万家民俗活太行”。全民共享：全域旅游的蓬勃发展，不仅带动产业结构实现了重大调整，更是圆了老区群众就地就业、就地创业、就地致富、就地幸福的美好夙愿。旅发大会筹备期间，每天有 3 万人、2000 多台机械设备施工作业，建成的旅游景区景点新增固定工作岗位 1.5 万个，农民工日平均工资由 90 元增加到

150元，人均年增收近2万元。千里乡村旅游通道经过的都是深山区的贫困村，这些村环境优美、民风淳朴、特色鲜明，道路修通之后，快速带动了乡村旅游发展，目前，沿线150多个村庄的乡村旅游搞得红红火火，新增农家乐等300余家，从业人数达3000余人。“百千万”工程实施至今，新建家庭林场400余个，带动就业4000多人，新建、改建民宿1000余家，带动就业2000多人。在安排就业时，优先考虑有就业能力、有就业需求的贫困群众，目前全县贫困户已基本实现“一户就业一人”。

**三、思路一变天地宽，改革创新解难题，坚决啃掉阻碍全域旅游发展的硬骨头、拦路虎**

对全域旅游发展中的诸多难题，坚持“困难面前有我们，我们面前没困难”，在创新中找资金，在创新中解难题，媒体推广涉县的经验，报纸上整个版面都是对涉县的报道。我们打造了奋斗门、感恩台、精神广场，在1290米的山脊上一览太行山，不但可以感受到太行山的雄伟，更能体会到涉县人为了全域旅游发展的顽强拼搏与奋斗，体会到全域旅游是用热血和汗水换来的。一是在转变观念中找办法。为解决“钱”从哪里来的问题，改变过去向财政伸手的思想，牢固树立市场化的理念，旅游项目业态投资一律向市场融资、向银行融资、向社会融资，鼓励项目业主自主投资、建设、运营旅游业态和景区。2017年旅发大会总投资达到110亿元，其中70%以上的项目都是靠市场融资，县财政只投入了50万元启动资金。为解决造林投资大的难题，实行栽树增绿分期付款、卖树留绿还本盈利的办法，先高度密植，两年后隔一株卖一株，不仅能把栽树的成本挣回来，而且还有盈余。在修路过程中起出的山石，粉碎后除了自己使用，剩下的还能卖掉，既解决了材料问题，又解决了修路群众的吃饭问题。把政府应修的路和企业在山顶建设风力发电场要修的路结合起来，解决了将近100公里的天路修建资金难题。二是在解放思想中解难题。在“中国最美乡村旅游通道”建设上，创造性地开展工作、解决难题，用3亿元资金办成了40多个亿的工程，收到了投资最小、办法最巧、进度最快、效果最好、群众最满意的好成效。探索了六种创新：创新一是主体创新，创造了“群众为骨干、党员为先锋、村庄为主体、乡镇为主导、县里为奖补、有工优先干”的新机制，一改过去交运部门一家修路为全民修路；创新二是模式创新，发动群众筹工筹劳，共建共享；创新三是成本创新，坚持就

▲ 韩王九寨揽胜阁

地取材、移苗，减少原料成本；创新四是标准创新，提高标准、一步到位，实现了县道、重要乡道二级路，一般乡道、村道三级路标准；创新五是组织方式创新，把支部建在项目上、党旗插在工地上，发挥支部的战斗堡垒作用和党员干部的示范带动作用；创新六是公路文化创新，每条路结合路域历史，打造文化路、创新路。在施工过程中，坚持宁可路绕十丈，绝不毁树一棵；随坡就势、减少垫方；宁可多垒堰，也要少劈山等七项原则。在河道清理上，把河道砂石分标段拍卖，变废物为资源，不仅财政没花一分钱就完成了河道砂石的清理，还收入 2000 万元，并且蓄起了 1500 万立方米的水量，相当于一座小型水库。在景点打造上，积极挖掘历史文化、民俗文化、知青文化等，建成了传统文化氛围浓厚的汉寨和秦寨，勾起上山下乡回忆的知青文化园。还利用废旧轮胎建设游乐园，打造成各种艺术造型，建成各种游乐设施，实现了变废为“景”。三是在深化改革中提效率。率先组建旅发委，实行了旅发委 + 旅游市场监管分局、旅游巡回法庭、旅游派出所、旅游检察室、旅游信息中心“1+5”旅游综合管理体制。其中设立旅游检察室、各乡镇设立旅游综合服务组织是全国首创。任何旅游者都能维护权益，任何破坏旅游环境者都会受到惩处。组建了太行红河谷等旅游公司，引入市场化机制，强化运营管理，使统筹更有力、运行更顺畅、服务更周到。全域旅游有困难，但思路一变就没有困难了，涉县人认为“小事小难、中事中难、大事面前一点儿都不难”，涉县的共产党员认为“磐石再坚也没有涉县人民的意志坚；石头再硬也没有涉县共产党员的骨头硬”。

## 四、激情满怀向前冲，撸起袖子加油干，全域旅游发展战线上个个争当铁骨汉、英雄汉

在涉县的全域旅游战线上，个个都是铁骨汉、英雄汉，没有一个人去当怂包蛋。2017年奖励了39个功臣，面向全县人民群众，在电视面前披红戴花，哪个儿女不愿在父母面前光彩？哪个男人不愿意在自己妻子面前荣光？哪个做父母的不愿意在儿女面前当英雄？涉县的铮铮铁骨汉就是这样，县委、县政府对于英雄和铁骨汉，从来不吝惜岗位和荣誉，在全域旅游发展中锻炼干部，在全域旅游实践中提拔干部、重用干部，是这样讲的，也是这样做的。做到了没有？群众心中有杆秤。老百姓现在对各级党委、政府的拥护度是最高的，群众认为涉县的干部为群众干了事，用“五个了”来评价涉县的干部，就是“跟党紧了、人心齐了、山河变了、干部累了、群众笑了”。2018年，西部的七个乡镇，都在大力度推进道路建设。广大干部群众以“铁在烧”的激情、“炸碉堡”的勇气、“铁骨汉”的作风、“虎下山”的劲头、“愚公红”的底色、“箭离弦”的速度、“过日子”的信念，战天斗地、顽强拼搏，锤炼了包括后池新愚公精神、旅发精神在内的“忠诚坚忍、激情担当、创新拼搏、团结奉献、科学高效、敢打必胜”的新时代涉县精神，漳河两岸、太行山间到处机器轰鸣、干劲冲天，上演了一部“激情燃烧的岁月”现实版，涉县大地铁在烧。一是党员干部人人争当铁骨汉、英雄汉，不怕吃大苦、甘于流大汗，涌现出了一个个感人的故事。有的为项目拔下输液管、烧掉牙神经；有的父母生病了，不能在床前尽孝；有的累病了，晚上输液，白天照常干；有的受伤了，仍然坚守在一线；有的为修路脱了几层皮、掉了几十斤肉、晒成“愚公红”。田家嘴村支书田长青身患重

▲ 一二九师司令部旧址

▲ 圣福天路

病，动过大手术，坚持每天起五更熬半夜，带领党员干部拼命在一线。太仓村支书、主任过生日当天，为追赶工期，有家不回，在工地上就水吃着方便面。二是没有旁观者，都是主力军。一个个巨变激发起群众用自己的双手建设美好家园的积极性。为了旅发项目、为了项目建设、为了修路，有的群众自愿让田让房，有的无偿送水送饭，有的带头捐款捐物，有的自发拍摄短片、编发微信宣传赞美家乡，还有的老大娘到工地跳广场舞助威，再现了当年打人民战争的场景，红色基因又焕发了新的光彩。三是把坚强的支部建在项目上，把鲜红的党旗插在工地上。为办好旅发大会，在规划建设的项目业态和文化活动中组建临时党支部，广大党员自发成立了 56 个“党员突击队”，施工最危险的地方、任务最艰巨的地方处处可见党员的身影。在千里乡村旅游通道建设最险峻的地方，成立党员突击队，党支部每天向党旗宣誓，向工程要进度、要质量，确保了千里乡村旅游通道建设保质保量完成。

**五、统筹推进促转型，辐射带动快发展，切实发动起县域经济大发展快发展的新引擎**

推进全域旅游过程中，注重做好“全域旅游 +”的文章，促进经济社会全面快速发展。一是生态环境亮起来。山更绿了、水更清了、景更美了，空气更清新了，百里漳河成了百里画廊。二是项目建设热起来。随着全域旅游的深入推进，涉县的知名度、美誉度不断提升，客商对涉县的青睐和认可与日俱增，出去招商的腰杆更硬，主动来的客商增多。2017 年全年洽谈项目 600 多个，落地亿元以上项目 130 个，其中 50 亿元以上项目达到 9 个，签约项目、落地项目、投产达效项目和完成投资额，均创历史新高。三是转型升级快起来。在全域旅游带动下，涉县由

原来的“傻大笨粗”产业结构向服务业转型，三产占比首次突破50%以上，旅游业成了涉县的战略性支柱产业。四是发展活力增起来。影响力、竞争力、吸引力不断提升，人流、物流、信息流快速增加，为经济社会发展注入了更多的创新活力、发展动力。五是精准脱贫快起来。在全域旅游建设过程中，把就业岗位向农村倾斜，把项目用工向贫困户倾斜。落地的绢花、纺织、家具、分布式光伏发电等扶贫惠民项目，为精准扶贫脱贫防贫提供了产业支撑。例如，绢花产业每人每月收入3000元至 4000元，分布式光伏发电每户每年可增收3000元左右。六是幸福指数高起来。旅游业的发展壮大，掀起了基础设施建设热潮，拉动了服务业的发展，提供了更多就业岗位和创业机会，群众的获得感、幸福感显著提升。七是干部干劲儿鼓起来。全域旅游的发展，带来的不仅仅是经济效应，更重要的是点燃了全县干部干大事、拿硬活的激情，形成了“拼命干、担当干、快速干、巧法干、合力干、精致干”的作风。说涉县美，除了生态美、景色美，更美的是涉县人民善良的心、朴实的作风、艰苦奋斗的干劲儿。志愿者的涉县微笑和建设者的愚公红，成为一道亮丽的风景线，打动着前来参观考察的各级领导和广大游客。涉县也因此被市委誉为全市的标杆和旗帜。八是党心民心聚起来。广大群众爱党爱家乡之心更加强烈，感党恩、跟党走的信念更加坚定。在抗日战争时期，老区群众送子送夫上战场，现在是群众送子送夫搞旅发、修通道，为了涉县的发展，为了涉县的明天，广大群众自发投身旅游项目打造，主动参与千里通道建设，投工投劳、捐款捐物，许多群众说20世纪六七十年代的作风又回来了。

2018年，涉县接待游客达到1600万人次，实现旅游综合收入104.6亿元，旅游综合收入相当于全县GDP的18%，旅游业已经成长为涉县的战略性支柱产业。在创建全域旅游示范区的三年里，其中游客接待人次增长为2015年的3倍，年均增长44%，旅游综合收入增长为2015年的近3.8倍，年均增长56.8%。涉县已经成长为邯郸市乃至全省的知名旅游经济大县。“涉县震撼、涉县奇迹、涉县速度”已经成为热词，新华社、人民日报社、光明日报社、中央电视台等国家主流媒体纷纷给予报道，全域旅游就是发动机，全域旅游就是聚宝盆，全域旅游就是黏合剂，全域旅游撬动全域发展，诗画涉县已然铿锵崛起！

# 第一章 全域旅游引领全县改革 改革创新红利不断释放

当前我国改革已进入攻坚阶段，受体制机制僵化、思想观念陈旧、利益格局掣肘等因素影响，改革的复杂性、敏感性、艰巨性更加突出，选择什么产业启动下一轮改革，成为关键的一步。当前的改革与 1978 年改革开放之初非常类似，1978 年改革开放之初，我国的社会经济铁板一块，所有生产要素全部固化，不能流动。为此，改革开放的总设计师邓小平同志，对旅游业发展有 30 多次直接的指导和讲话，利用旅游业先行先试，创建了北京建国饭店模式和广州白天鹅模式。此后，深谙邓小平同志改革开放理念的胡耀邦同志提出全国学建国（先是在旅游业内，全国建 100 个类似建国饭店的饭店；后逐步推广到全社会），旅游业为我国改革开放打破生产要素固化坚冰起到了四两拨千斤的作用。可见，选择一个关联性较强的产业先行先试，是有效推进全面深化改革的关键。

2013 年年底的党的十八届三中全会上，提出了要“使市场在资源配置中起决定性作用”的全面深化改革的战略决策，仅仅半年后，2014 年国务院随即出台了《关于促进旅游业改革发展的若干意见》（国发〔2014〕31 号文件），实际上是要把旅游业作为我国全面深化改革的排头兵。2016 年 7 月，习近平总书记在宁夏考察工作时指出“发展全域旅游，路子是对的，要坚持走下去”。2017 年 3 月，李克强总理在政府工作报告中指出“要大力发展全域旅游”。2018 年 3 月，李克强总理在政府工作报告中指出要“创建全域旅游示范区”。2018 年 3 月，国务院办公厅印发《关于促进全域旅游发展的指导意见》，提出要“开展全域旅游示范区创建工作，打造全域旅游发展典型”“把促进全域旅游发展作为推动经济社会发展的重要抓手”。可见，全域旅游的发展思路与旅游业自身特点、定位以及改革之间有着天然的契合。

在全面深化改革的背景下，涉县也面临着特殊的时代背景和机遇。“首都经济圈”和“京津冀一体化”发展列入国家发展规划；中原经济区已上升为国家战略，以工业化、城镇化和农业现代化“三化”协调发展为契机，将进一步促进中部经济的整体发展，也为中部地区旅游业发展提供更大的市场空间；河北省西部山区是太行山区的一部分，发展生态旅游是该地区的重点发展方向；邯郸市城市转型升级发展也要求大力发展商贸物流、文化旅游等新兴产业，打造转型发展的新增长点。在此背景下，面对 2016 年特大洪涝灾害的灾后重建工作，毅然决定发展全域旅游，我们认为涉县的转型升级、换道超车、经济社会发展，应该转到全域旅游发展上来，应该把旅游发展作为涉县整个经济社会发展的总统领。县委、县政府明确表态，就是要带领全县人民走全域旅游的道路，就是要以全域旅游凝聚人心、汇聚民智、聚集力量，不仅要抓好灾后重建，更要把涉县引领到一个新的奔跑着发展的全域旅游境界上来。

全域旅游强调资源整合、权力协同、供应链延伸和全社会分享的建构，利用全域旅游可以促进旅游业全区域、全要素、全产业链发展，进而推动地方经济发展。全域旅游对于县域经济发展意义非凡，与习近平总书记“旅游兴县”的思想协调一致。对于涉县而言，旅游业是最符合涉县县情、最能充分利用涉县资源、最能吸引人气财气的产业，加快发展全域旅游，恰逢其势，正逢其时。涉县把全域旅游发展当作贯彻落实习近平新时代中国特色社会主义思想的重大举措，当作为人民谋幸福的重大课题，当作共产党人的政治使命来抓，全域旅游成为县委、县政府和各级党委政府工作的重中之重。涉县经济社会全面发展、快速发展的发动机就是全域旅游，现在已经全面发动，并且正在嘶鸣着拉动涉县冲向高空，冲向发展的高地。

体制机制创新是国家全域旅游示范区建设的重点内容，是发展全域旅游的基本保障，也是国家全域旅游示范区建设的重要意义所在。涉县通过发展全域旅游，带动全县体制机制改革，创新优化领导、协调、管理、考核、监督、市场和保障体制机制，当前涉县旅游体制机制创新领跑河北，形成重要的涉县样板。

## 一、党政挂帅：形成党委领导、政府推动的领导体制机制

涉县县委书记汪涛曾表态："涉县县委、县政府认为，全域旅游不仅仅是一个业态，更是一种思路，更是一个目标，是经济社会发展的一种状态。如果全域旅游发展好了，不仅仅吸引游客，社会投资人等各要素都会聚集，就会成为发展的高地，就会成为以全域旅游来拉动经济社会发展的火红实践地。"在发展全域旅游的过程中，涉县深刻认识到不能囿于旅游业内解决制约旅游业发展的问题，必须有更大的胸怀、更大的视野。因此，涉县党政一把手亲自挂帅，通过全域旅游工作领导小组和全域旅游发展工作联席会议制度统筹领导，真正把促进全域旅游发展作为推动经济社会发展的总抓手。

### （一）全域旅游工作领导小组统筹全县旅游工作

2016 年 2 月，涉县入选首批国家全域旅游示范区创建单位名单。涉县上下深受鼓舞，第一时间召开全县全域旅游示范区创建工作动员大会，下发《关于成立涉县全域旅游工作领导小组的通知》，成立了由县委书记任组长，县长任执行组长的"涉县全域旅游工作领导小组"，在县委书记挂帅领导下，全面统筹全县全域旅游工作。

涉县县委书记汪涛同志在河北省全域旅游示范区创建工作情况汇报的会议上发言认为，各级党委、政府"一把手"抓全域旅游发展，不仅是要求，更要变成各级领导干部的自觉行动。全域旅游说起来大家都认为很重视，但抓起来怎么能做到言行一致

▲ 全域旅游督导会

▲ 全域旅游工作会

呢？在很多地方，往往都是喊得多、做得少，表态多、落实差，涉县是怎么解决这个问题的呢？涉县的各级领导干部，县委书记和县长，乡镇的党委书记和乡镇长，各单位的局长，亲自抓，上一线。为了抓全域旅游，大家在一线转变作风，在一线破解难题，在一线贯彻落实，在一线推进项目建设。为了推进全域旅游，把鲜红的党旗插在旅游项目上，把坚强的支部建在旅游工地上，推动涉县的全域旅游实现“井喷式”增长。在全域旅游工作领导小组的统筹下，涉县各级领导干部真正做到了“做给大家看，带着大家干”。

领导体制机制的改革创新为涉县旅游发展带来了实实在在的红利。涉县全域旅游工作领导小组在补充完善各项职能，制定旅游发展的重要方针、政策、措施，协调各部门等方面起到了极大的作用，促进涉县全域旅游全面推进，形成了全县一盘棋格局。在这样的领导体制机制下，积极采取“0124”工作法，督导组长在督导中现场解决推进中的问题，胜利广场9天时间完成29户和谐拆迁；韩王九寨汉寨，从开工建设到投用仅用了两个多月；韩王山百里天路百日建成；蓝精灵欢乐岛从签约到开工仅用了4天；将军品酒吧从创意到竣工不过20天，创出了难以置信的“旅发速度”和“旅发奇迹”。

### （二）全域旅游发展工作联席会议制度统筹部署

涉县创新全域旅游工作部门领导机制，建立了“涉县全域旅游发展工作联席会议制度”，形成了党政领导挂帅，宣传、组织、政法等党委部门和发改、公安、财政、国土、环保、住建、交通、水利、农业、体育、统计、林业等政府部门参与的旅游综合领导机制。通过联席会议制度落实领导小组会议的相关部署，加强部门之间的沟通与协调，从全局推进旅游统一规划、统筹部署、整合资源、协调行动，形成旅游发展共识和共建旅游的良好格局。

涉县联席会议实行例会制度，原则上每月召开一次，特殊情况可随时召开。联席会议办公室积极承担联席会议日常工作，收集拟定会议议题、筹备召开联席会议、召开成员单位联络员会议、起草印发会议纪要以及办理联席会议交办的其他事项，及时跟踪督促落实联席会议议定事项，并向各成员单位通报有关情况。涉县旅游联席会议的各成员单位均按要求报送相关会议材料，参加联席会议和联络员会议，认真落实联

▲ 药园花海

席会议确定的工作任务，主动研究相关政策措施，积极提出工作建议；互通信息、密切配合，充分发挥了各部门和各单位优势，形成合力。

## 二、协调推进：形成部门合作、工作齐心的协调体制机制

全域旅游建设需要坚决摒弃就旅游谈旅游的惯性思维，要从区域经济社会发展的全局出发谋划旅游业的发展。因此，体制机制建设，特别是多部门共同参与旅游管理与发展的统筹协调机制建设尤为重要。为提高旅游工作开展效率，涉县鼓励各部门各施所长、齐心助力全域旅游发展，并通过行政审批制度改革，协调部门权责，实现了办事“一趟清”和“不见面”。

### （一）多部门各施所长、齐心助力全域旅游发展

全域旅游是“一揽子”工程，需要统筹推进，同频共振。涉县积极进行领导体制机制改革，在强有力的领导下，形成了各部门相互合作共促旅游发展的强大合力，形

成了带动社会经济发展的新局面。

在旅发大会期间，涉县行政审批局承担旅发大会39个项目业态（含子项目54个）的审批、招投标、融资三项主要工作任务，倾全局之力，助推旅发大会项目建设工作。该局专门抽调从事过审批、招投标、融资工作的12名业务骨干，全天候、全过程、全方位服务旅发大会项目建设推进工作，力争现场办理，加快项目审批进程。截至目前，除不需要办理审批手续的26个项目外，共为旅发大会项目办理各类审批证、照68件。行政审批局还会同金融办，人民银行、隆盛国资公司共组织了7次由11家商业银行、旅发大会项目业主和责任单位负责人参加的银企对接洽谈会、逐个项目资金落实核查会、单个项目资金落实协调会。截至目前，11家商业银行已为旅发大会27个项目放贷和达成放贷意向，共计金额21.6645亿元，其中：已放贷6.2355亿元、达成放贷意向15.429亿元。

涉县交运局以“以党建为统领，打造全域旅游大交通网络格局”为目标，以“全国全域旅游创建、重大产业重大项目建设、人民群众出行”为服务对象，通过千里乡村旅游通道展现涉县新风采，让地方道路成为涉县旅游新名片。交运局在道路环境整治过程中，加强日常道路巡查，增加保洁频率，做到路面无杂物、施洒物，目前更新标志牌30套，亮化标志线6公里，修剪路树6000余棵，修补警示装置180根，清运垃圾580余方。

响应县委、县政府关于产业转型升级、开发全域旅游的发展目标，涉县文广旅局按照县委、县政府“345673”宏伟蓝图和“六个三”发展战略，探索实施“文化+旅游”运行模式，强力推进全域旅游发展之路。与娲皇宫旅游发展有限公司和交通运输局合作，推动建成了以女娲文化和以公路文化为主题的女娲文化馆和公路文化馆，为涉县增加了两个专题文化展馆，拓展了文化阵地，激发了社会各界参与文化建设和旅游建设的热情。在2018年举办“花椒采摘节”“核桃采摘节”“柿子采摘节”期间，涉县文广新局精心组织文艺演出团队现场助兴，配合完成各项活动，为“生态肺城诗画涉县”增添亮丽色彩。同时，该局还配合全县举办了“中国北方年文化节”系列活动、启动了“2018年中国金秋旅游季——乐享一百天”文艺演出活动，在此期间，以主题鲜明的书画摄影展览、精彩纷呈的文艺演出、形式多样的民俗文化活动、琳琅满目的民间手工产品吸引游客，提高全县旅游收入，完美助力全域旅游事业蓬勃发展。

全域旅游的发展离不开市场化的宣传，坚持把文化宣传作为促进全域旅游的重要抓手，涉县宣传部在其中发挥了极大的作用。宣传部鼓励干部群众自创、自演几千个作品，通过新媒体等多种形式广泛传播，先后在新华社、人民日报社、光明日报社、中央电视台、新华网等各级主流传统媒体和网站、微信公众号等新媒体刊发稿件上万篇，在国内外引起轰动效应，吸引了大批游客前来观光旅游。还协助中央七套、河北电视台拍摄了《河北红色故乡》和《旅界先锋》专题片，尤其是《中国影像方志·涉县篇》在 CCTV-10 隆重播出、香港卫视《美丽中华行》栏目对涉县全域旅游创建工作专题报道，引发广泛热议。2018 年 12 月 5 日，涉县县委书记汪涛在央视四套《华人世界》栏目中对涉县旅游工作进行了录制推介，使涉县旅游走上了巅峰、走向了世界。现在走到各地，大家都能感觉到涉县的知名度、美誉度。不少到涉县的游客称涉县是“绿的世界、花的海洋、水的源泉、云的故乡、旅游的胜地、生活的天堂”，各级领导称涉县为“太行漓江 千里画廊”，这离不开大量的宣传工作。正是靠全县上下的不懈努力，靠涉县宣传部对旅游工作的大力支持，涉县的宣传文化工作在全市独占鳌头，旅游知名度越来越高。

农业农村局大力支持休闲农业发展，推进农旅融合，助力涉县全域旅游事业更上一层楼。2017 年全县休闲农业经营主体 258 个，其中农家乐 211 个、休闲观光农业园 35 个、休闲农业专业村 12 个；休闲农业与乡村旅游从业人数 4300 人，其中农民就业人数 4100 人，带动农户 2512 户；全县休闲农业接待人数 180 万人次，营业收入 1.68 亿元。

在刚性支出不断加大，财力紧张的情况下，涉县财政局出台《涉县财政局关于支持全县全域旅游发展的意见》，仍将全域旅游发展列为全县社会发展的重中之重，不断加大投入，保障县域重点旅游项目的实施，为全域旅游发展保驾护航。财政局按照统筹协调、突出重点、注重引导、务实求效的原则，积极向上级争取转移支付资金，设置旅游专项资金、美丽乡村建设资金等用于旅游相关公共基础设施建设。2017 年涉县成功举办了邯郸市首届旅发大会，对美丽乡村建设资金投入金额为 3715.6 万元，旅游道路专项资金省级补助资金 5049.03 万元，用于修建水毁旅游道路，对旅游专项资金投入金额为 8218.8328 万元；2018 年涉县对旅游专项资金投入金额为 5948.06 万元，其中文旅专项基金 1000 万元。

▲ 爱涉县旅游 APP

秉持智慧化的理念，涉县工信局紧跟市场需求、游客需要，加快景区数字化、智慧化进程，打造智慧景区、智慧服务。爱涉县旅游APP的开发和爱涉县旅游网站的建立为涉县全域旅游事业发展打开了一个新的窗口，游客可从旅游APP和旅游网站上了解涉县景区景点概况及文化特色，在线获取旅游攻略并支持线上购票。同时，在工信局支持下，所有景区都实现了Wi-Fi全覆盖，监控全覆盖，全景展示、智能导游、电子讲解，线上线下同时售票等。还斥资350万元，建立了涉县旅游信息平台，具备影像监控、治安、交通、客流信息汇总等功能。

### （二）多部门协调实现“一趟清”和“不见面”

为深入推进“放管服”改革，方便企业、组织、群众办事，涉县组建成立了全市第一个县级行政审批局，实施行政审批制度改革，实现群众办事“一趟清”和“不见面”。涉县将20个县直部门的272项行政许可关联事项分三批全部划转行政审批局，将垂管部门的行政许可事项整建制入驻行政审批大厅，实现了“一站式审批、一条龙服务、一枚印章管审批”。目前，已实现“一趟清”的行政审批、公共服务事项305

▲ 河北省全域旅游公共服务质量提升行动工作会议

项，“不见面”的行政审批、公共服务事项 54 项。其中，包含了旅发委的“组织旅游行业安全宣传教育”“受理游客投诉”“旅游咨询”等全部服务事项。

## 三、改革先行：形成区域联动、综合协调的管理体制机制

旅游产业是综合产业，要想破解旅游产业发展中资源整合与统筹协调、旅游规划与产业促进、旅游监管与综合执法、市场营销、旅游公共服务等领域长期以来存在的协调难题，提高全域旅游管理效率、管理质量和管理水平，必须创新旅游综合管理体制，形成现代旅游治理新体系。涉县积极探索管理体制机制改革，率先成立了旅游发展委员会，实施“3+1+X”管理体制，践行“九个清”工作法并发挥行业协会作用，提高全域旅游社会化管理水平。

### （一）率先成立旅游发展委员会实现管理升级

涉县旅游发展委员会负责统筹全县文物旅游业的改革发展；贯彻落实国家关于文物旅游方面的法律、法规、规章和政策；统筹协调全县相关产业部门间的旅游合作与融合发展；拟定全县旅游市场开发战略并组织实施；组织全县旅游资源普查、规划、开发和相关保护工作；负责全县旅游市场秩序和服务质量的监督管理，规范旅游企业和从业人员的经营和服务行为；协调推进全县旅游公共服务体系建设，指导智慧旅游、旅游集散、旅游公共信息、咨询服务体系和公共服务信息网络体系建设；对全县的各种文物依法进行保护管理，指导协调全县文物资源的调查、征集、勘探、发掘、管理、抢救、保护和利用等工作。

涉县旅游发展委员会设 3 个内设机构。分别为综合科，承担全县旅游工作领导小组办公室的日常工作；负责全县旅游产业发展的综合协调和联络工作；推动区域旅游合作体系建设；负责京津冀旅游交流合作与融合发展；协调和指导假日旅游和红色旅游相关工作；承担旅游发展委员会相关组成部门的综合协调工作。发展规划科（招商引资科），负责招商引资，进行旅游宣传，旅游市场调研、开发和促销。政策法规和监督管理科，负责贯彻落实国家关于文物旅游方面的法律、法规、规章和政策，综合协调全县旅游市场秩序和服务质量的监督管理，建立与相关职能部门分工合作的旅游

综合执法与联合执法体系。

### （二）“3+1+X”管理体制实现旅游职能全覆盖

涉县创新性地提出了县、乡、村 + 乡（镇）旅游综合驿站 + 景区的“3+1+X”服务管理体制。在全县所有乡镇、旅游村建立乡村全域旅游综合服务中心（站），推进全域旅游向纵深发展，向村级旅游服务延伸，由乡镇长、村委会主任任主任、站长，统一标示标牌，制定相关制度、落实人员安排，实现乡镇、村全域旅游的统筹发展，服务中心体系县域全覆盖，为游客营造良好的旅游环境、提供优质的旅游服务。涉县各乡镇由乡镇长任乡镇全域旅游综合服务中心主任，宣传委员任副主任，又配有专门的工作人员；村委会主任任农村全域旅游综合服务站站长，有明确的“两委”成员和两名党员干部具体负责日常事宜。并有专门的规范办公场所，制度完善、运行高效，切实发挥出了乡村全域旅游综合服务中心（站）的作用。

### （三）践行“九个清”工作方法提高管理效率

为提升全域旅游发展管理效率，解决“目无法纪乱作为”的问题，大力整顿门难进、脸难看、话难听、事难办“四难”现象，狠刹乱收费、乱罚款、乱摊派、乱检查的“四乱”行为，涉县推进“九个清”工作法提高管理效率。“九个清”工作法即安排部署“一会清”、推进落实“一表清”、政策业务“一门清”、提高效率“一日清”、协调问题“一次清”、办证办事“一趟清”、首问负责“一人清”、下乡就餐“一碗清”和群众满意“一笑清”。坚决把“九个清”工作法融入全县工作各个方面、各个环节、各个领域，以党员干部的人人清、日日清、事事清，推动“九个清”落到实处，带动干部作风改变，服务环境优化，群众满意度提高，营商环境改善，发展竞争力加强，实现程序最简、成本最低、效率最高，把全县作风纪律建设再次推向一个新高度。

“九个清”工作法，为全域旅游招商引资项目开辟审批绿色通道，符合条件的纳入投资承诺制试点，最大限度地精简审批环节、压缩审批时限，推动各种要素向涉县集聚，把涉县打造成了服务“高地”、创业“宝地”、生产要素流入的“洼地”。推行“九个清”工作法后，涉县政府作风有脱胎换骨式的转变，不论抓什么工作，都盯紧盯死、抓实抓牢、善始善终、善做善成，换来了干群一家亲。涉县推行的“九个清”工作法受到了中组部、中纪委有关刊物总结推广，省委专发简报推广，省委副书记赵一德、市委书记高宏志、市长王立彤等领导批示推广。在全省纠正四风和作风纪律整治经验交流会上，涉县作为唯一的县区介绍推广经验。

### （四）行业协会提高全域旅游社会化管理水平

第三方组织对旅游发展的作用巨大，涉县大力鼓励旅游行业组织的发展，加强旅游行业组织自身能力建设，搭建政企沟通平台、建立行业诚信体系，形成行业自律机制，提高旅游社会治理能力和自我发展与管理能力，推动全域旅游社会化管理水平提高。在鼓励行业组织发展的同时，涉县也依法规范各行业组织行为，加强对行业组织的管理，强化行业自律，防止垄断经营和非法经营。

涉县行业协会包括涉县女娲文化研究会、涉县电子商务协会、涉县黑枣协会、涉县旗袍文化促进交流会、涉县关防乡红薯产品推广协会、涉县道路救援协会、涉县食品药品安全协会、涉县休闲农业与乡村旅游协会等。涉县行业协会发展建设广泛、规范，有良好的自我发展和自律机制，有完善的退出、淘汰和处理机制，运行效果良好，是政府监管和执法的有益补充。

涉县行业协会不仅推动了各自领域的发展，同时也积极助力全域旅游发展，有效提高了旅游业自我发展和自我管理的能力。各行业协会将自身产业与县域旅游紧密联系起来，正确理解协会与旅游事业相辅相成的重要关系，抓住全域旅游发展这一有利契机，积极拓展协会业务，以协会产业助推旅游，以县域旅游促进协会发展。涉县鼓励各行业协会会员充分发挥协会作用，深入周边农村中宣传协会作用，宣传旅游事业能够帮助农户提高生活水平的重要意义，大力推进旅游产业的发展。

## 四、实效第一：形成重视实效、权责分明的考核体制机制

考核既是全域旅游工作顺利开展的动力也是对成果的检验。重视实效、权责分明的考核制度能确保体制机制改革有效运行，防止停留在文件和表面等现象发生。涉县坚决执行严格的考核制度，把全域旅游工作纳入政府年度考核体系，并通过末位淘汰

制使全域旅游工作对年度考核结果产生重大影响以激励各部门高度重视全域旅游相关工作。

### （一）年度考评，全域旅游挂钩部门绩效

为进一步健全和完善领导干部综合考核评价机制，激励干部干事助力全域旅游发展，在全县形成加快发展、跨越发展的良好风气，涉县依据省、市委干部考核的有关规定并结合涉县实际，对全县乡科级领导班子和领导干部实行任务目标考核和末位淘汰制，出台《关于对乡科级领导班子和领导干部实行任务目标考核和末位淘汰制的意见》文件。依据该文件，坚持定量打分、定性分析、民主评议、民意调查、平时随机考核和重点工作跟踪考核“五位一体”考核机制。对发改局、招商局、统计局、财政局、环保局、信访局、农工委、旅发委、扶贫办、农牧局、安监局等部门的全域旅游相关工作完成情况进行定量打分；由组织部、纪委等部门组成考核组通过听取汇报、现场查看等对全域旅游相关工作进行定性分析量化打分；通过县四套班子领导干部评价，本部门民主测评，单位互评和服务对象、群众代表评议四种方式对被考核单位进行评议打分。

通过把全域旅游纳入年度综合绩效考评体系，涉县各单位对全域旅游相关工作高度重视，实现了集全县之力，汇全民之智抓全域旅游发展，形成了全县一盘棋，一切围绕旅游、一切服务旅游、一切服从旅游的浓厚氛围。明确目标、压死责任，在全县形成了上下联动、科学发展的强大合力。

### （二）末位淘汰，旅游工作凸显决定作用

不仅把全域旅游工作纳入年度综合考评体系，并使其对考核结果产生重要的影响，进一步加强各部门对全域旅游相关工作的重视。全域旅游工作考核结果，由县委组织部按规定权重计入县委对各单位部门年度综合考核总分，并作为评定领导班子和领导干部年度考核等次的重要依据之一。全域旅游工作处于优秀档次的单位，以适当方式予以表彰和奖励；全域旅游工作处于较差档次单位的主要领导，要向全域旅游工作领导小组做出书面说明，必要时由县委或县委责成有关部门对其约谈，连续两年处

在较差档次的，要组织调整、问责。

提升了全域旅游工作在年度考核中的地位，不重视全域旅游工作必将影响到部门综合考核分数，将会面临末位淘汰的风险。根据《关于对乡科级领导班子和领导干部实行任务目标考核和末位淘汰制的意见》文件，年终综合考核分数每类最后一名的，第一年县委、县政府予以通报批评，黄牌警告，对其一把手诫勉谈话，并责令其向县委、县政府写出书面检查；第二年年终综合考核分数仍是全县每类最后一名的，对其一把手进行岗位调整；领导干部因工作严重失误、失职、渎职，本单位或辖区内出现重大社会治安案件、突发性事件、违法违纪案件，造成恶劣影响或重大经济损失的，应引咎辞职。除此之外，为落实全域旅游发展计划，涉县实施目标责任考核制，出台《涉县全面深化改革督察落实和考核评价办法》，把旅游工作作为领导小组成员单位目标考评的重要内容，加强对目标责任、工作进度的跟踪检查和阶段性问责问效。

## 五、依法治旅：形成多元参与、体系完善的监督体制机制

良好的市场秩序是保障游客合法权益，提升旅游竞争力的重要内容，也是国家全域旅游示范区的基本要求之一。保持良好的市场秩序有赖于旅游综合监管制度的改革创新，更好地适应全域旅游发展的新需求。涉县坚持依法治旅，完善和落实相关旅游法律法规，推进旅游行政审批和管理体系改革，形成旅游业持续健康发展的良好法制环境，实现从景区内部管理向全面依法治理转变，提升旅游治理效能，促进旅游治理的规范化。旅游监管体制调整以来，涉县旅游事业、产业发展迅速。

### （一）“1+5+X”，创新旅游监管体系

为积极推进全域旅游创建工作，涉县不断完善旅游发展监督机制，推行了旅发委＋旅游市场监管分局、旅游巡回法庭、旅游派出所、旅游检察、旅游信息服务中心＋景区的“1+5+X”旅游综合监管模式，实现了旅游部门职能从单一行业管理向综合协调管理的转变，凸显了创新旅游监管体制的决心和信心。进一步强化旅游综合执法及监管职能，促使各机构协调联动、合力保障旅游市场有序地运行。

“1+5+X”的综合监管模式是在涉县政府的统一领导下，涉县旅游主管部门按照

《旅游法》及《旅行社条例》《导游人员管理条例》《中国公民出国旅游管理办法》《导游管理办法》等法律法规的要求，联合相关部门建成的。“1+5+X”中的“1”指旅游发展委员会。负责落实全域旅游政策战略规划，协调解决全域旅游重大问题，召开旅游联席会议制度，协调各部门之间的工作。内设综合科、发展规划科和政策法规和监督管理科，分别负责综合事务、招商引资和监督管理工作。“5”分别指旅游市场监管分局，负责把旅游市场环境治理，纳入到城市综合治理的范畴，加大治理力度，形成管理联动；旅游巡回法庭，负责统一投诉受理、违法行为信息共享与跨部门、跨地区的督办机制；旅游派出所，负责强化公安机关在旅游经济发展方面的职能作用，把旅游作为重要的分内工作来推进；旅游检察，负责实现旅游违法行为与刑罚的无缝连接，提高旅游警察外语交流、旅游安全事故处理能力；旅游信息服务中心，负责编制、发布旅游信息，提供旅游信息咨询、旅游救援与投诉帮助等信息服务工作等职责任务。“X”指的是八路军一二九师纪念馆、娲皇宫景区、太行五指山景区、韩王九寨等景区。

通过实行“1+5+X”旅游行业综合监管机制，加大了对旅游市场的综合整治，提高了运用现代信息化手段提高旅游市场监管、旅游执法水平和投诉处理的能力，全面优化了涉县旅游市场环境，不断完善涉县现代旅游治理体系。

## （二）全员参与，共塑有序监督环境

涉县已建立起社区、居民、游客参与旅游发展和监管的渠道平台，并形成了常态化的参与机制。在县局“12315”投诉举报中心的指导下，涉县还设立了旅游消费综

▲ 旅游纠纷调解室

▲ 涉县消费投诉举报中心

合维权平台——景区旅游消费维权服务站，解决旅游消费投诉处置的难点问题，打通旅游消费投诉现场处置短板，促进涉县旅游和谐消费。服务站集旅游咨询、公共服务、旅游维权、纠纷调解、文明引导等多功能于一体，增强了群众旅游安全保障意识，引导群众文明旅游，营造安全、文明旅游的良好氛围。站内均公开 1 名执法人员和 1 名站点工作人员的照片和电话以及举报投诉热线电话，放置旅游消费服务手册，现场及时解决处置旅游消费投诉咨询。此外，涉县在全县 17 个乡镇建立的全域旅游服务中心（站）也为乡村社区和乡村旅游服务点的居民、游客提供了最为便捷的咨询、监管、投诉等服务的平台。

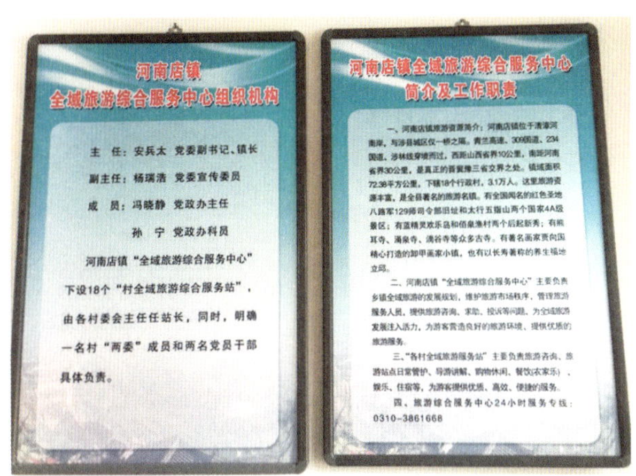


▲ 涉县乡镇（村）全域旅游综合服务中心工作职责

▲ 爱涉县旅游官网

社区、居民、游客也可以在线上参与旅游管理。线上参与和监管平台有爱涉县旅游网、爱涉县旅游 APP、涉县时讯和爱涉县旅游公众号等，社区、居民和游客可以通过公众号服务菜单中的服务中心——我要投诉和便民服务——“四风”举报等服务板块有效参与到涉县的旅游发展和监管工作中。社区、居民和游客还可通过河北省 12315 投诉举报指挥中心，在线上直接进行维权和举报，渠道畅通便捷。

在县政府政策的强力号召下，社区、居民、游客积极参与到支持涉县全域旅游发展的工作中，创造了便捷、通畅、良好的服务环境。

## 六、市场决定：形成改革创新、旅游助推的市场体制机制

为解决“钱”从哪里来的问题，培育全域旅游发展的市场化投入机制，涉县积极改变过去向财政伸手的思想，牢固树立市场化的理念。涉县县委书记汪涛同志曾在北京的“涉县经济发展论坛”上公开向大家承诺：不管是哪里的企业家，不管是什么资本，只要是合法的，只要来涉县投资，只要能安排涉县老百姓就业，县委、县政府就予以大力支持，这就是我们对企业的态度！这就是我们走市场化道路的决心！

### （一）开源节流，公路建设解决资金难题

涉县修建的“中国最美乡村旅游通道”成为涉县旅游新名片，在修建这条旅游公路的过程中，我们创造性地开展工作、解决难题，用 3 亿元资金办成了 40 多个亿的工程，收到了投资最小、办法最巧、进度最快、效果最好、群众最满意的好成效。

打破以往以路养人的藩篱，在全省率先实行道路养护公司化、市场化运作。通过公开招标，两家民营养护公司承担涉县县道和主要乡道的日常养护。这一举措，不仅使养护资金年节省 190 余万元，更使养护质量大幅提升。通过开发沿线土地资源等，在道路两侧选择有利地形建设旅游服务区、服务驿站，以拍卖和合作经营、有偿取得道路经济带经营权的方式，获取建设资金。甚至修路过程中起出的山石，也会充分利用，粉碎后除了自己使用，剩下的还能卖掉，既解决了材料问题，又解决了修路群众的吃饭问题。还把政府应修的路和企业在山顶建设风力发电场要修的路结合起来，解决了将近 100 公里的天路修建资金难题。

交通运输部部长李小鹏评价涉县“四好农村路”建设：“河北省涉县因地制宜，创新‘667’工作机制，指导农村路建设，用巧法、动真情、花小钱、办大事，宜宽则宽、宜窄则窄、有的地方还曲径通幽，这就是实事求是地推动农村路建设。”

### （二）还本盈利，市场运作实现造林奇迹

2013 年至今，已累计造林 80 多万亩，其中工程造林 30 多万亩，2017 年以来人均栽树 100 棵，人均投入 2000 元，人均绿化山场 1 亩，创造了中国人均造林奇迹，

绿色成为涉县旅游的最大吸引力，来涉县避霾、润肺、呼吸新鲜空气成为众多都市人的时尚选择。

在造林过程中，涉县坚持“财政撬动引导、社会多元投入”的理念，坚持走市场化运作的路子，本着“谁造林、谁受益”的原则，创新政策和机制，把造林绿化推向市场、推向社会，调动社会力量，吸引社会资金，参与造林绿化。为解决造林投资大的难题，实行栽树增绿分期付款、卖树留绿还本盈利的办法，先高度密植，两年后隔一株卖一株，不仅能把栽树的成本挣回来，而且还有盈余。

### （三）改制融合，景区景点完成重塑再造

景区景点的市场化，一方面，走出旅游产业原有的封闭式自循环模式，向开放的“旅游 +”融合发展方式转变，重视景点景区，但不再单纯依托景点景区，而是让旅游与经济社会各方面深度融合；另一方面，扭转各自为战的局面，向旅游产业聚焦聚力，政府引导和推动各行各业主动融入旅游，主动拥抱旅游，打造“+ 旅游”的产业发展格局，进而推动多方面、多范围的产业重塑与再造。

高站位、高标准编制涉县全域旅游、中国太行红河谷等旅游发展规划，充分发挥市场的决定性作用，组建了太行红河谷等旅游公司，旅游产业体制机制更加适应全域旅游新常态。

### （四）招商引资，旅游项目撬动经济发展

在旅游项目发展上，始终保持“夜不能寐、寝食难安”的招商意识，利用自己的一切便利条件，下更大的功夫谋项目、招项目、引项目、抓项目、建项目，争做“项目委员”“招商委员”。全县干部都自发地投入到这场事关涉县前景、事关自身幸福的招商引资大潮中来，不管在何时何地，都大力宣传涉县资源、涉县生态、涉县名片。牵线搭桥大企业、大项目为招商引资出力。在招商引资方面，坚持“六个变”原则，即坚决做到变少为多、变等为找、变亲为优、变优为盈、变泛为精、变朋为融。涉县的工作作风是多用笨办法、多用实办法，走尽千山万水、说尽千言万语、吃尽千辛万苦、想尽千方百计。

牢固树立市场化的理念，敞开大门搞旅游，通过调动全社会的活力，采取市场化的运作方式来搞旅游。旅游项目业态投资一律向市场融资、向银行融资、向社会融资，鼓励项目业主自主投资、建设、运营旅游业态和景区，全县绝大多数项目都是靠市场融资。旅发大会的 42 个项目总投资达到 110 亿元，其中 70% 以上的项目都是靠市场融资，县财政只投入了 50 万元启动资金，幸福花海、玻璃栈桥、狐仙月季园等项目业态，全部是通过招商引资建设，建成后实行公司化运营，财政没有花一分钱。

旅游项目走市场化道路使涉县旅游项目形成良性循环。随着全域旅游的深入推进，旅游项目的不断增多，涉县的知名度、美誉度不断提升，客商对涉县的青睐和认可与日俱增，出去招商的腰杆更硬，主动来的客商增多。2017 年全年洽谈项目 600 多个，落地亿元以上项目 130 个，其中 50 亿元以上项目达到 9 个，签约项目、落地项目、投产达效项目和完成投资额，均创历史新高。

## 七、政策跟进：形成全面有力、落实到位的保障体制机制

旅游业作为涉县地方经济社会发展战略性支柱产业定位明确，在经济社会发展规划和城乡建设、土地利用、基础设施建设、生态环境保护等相关规划，以及综合性支持政策、重大项目建设等方面得到具体体现并取得实效。涉县在全域旅游改革创新中，始终坚持科学担当，努力在政策允许的范围内做到极致，绝不去闯红灯，但也绝不允许怕担责任而不干事，给予全域旅游发展最大的发展空间、最完善的政策保障。

### （一）落实政策，地方部门多方合力

全域旅游发展得到了系列政策的支持。全县陆续出台制定印发许多政策文件。《关于打好全域旅游发展攻坚战的实施方案》整合部门资源，形成工作合力；《涉县关于确定“旅游兴县”战略加快旅游事业发展的实施意见》，在本地经济社会发展规划中将旅游业定位为主导产业，明确主要发展任务；《涉县百千万乡村振兴战略行动实施方案》以全域旅游带动乡村振兴；《关于进一步加快推进旅游产业发展的实施意见》，明确配套的督察、考核和奖励办法；《关于深入贯彻“3691”发展架构全力落实全域旅游工作的实施方案》《全域旅游示范县创建任务分解表》，明确全域旅游发展的组织

实施方案和计划。

除了地方政策的支持，全域旅游在涉县还得到了各部门的政策支持。《涉县财政局关于支持全县全域旅游发展的意见》《涉县国土资源局关于支持旅游业发展创新用地政策的意见》《关于金融支持涉县旅游业快速发展的指导意见》《关于金融支持旅游业加快发展的情况说明》等，这些文件出台后实施效果良好。

### （二）长效投入，财政政策引导保障

全域旅游发展过程中，财政投入既发挥了资金直接投入作用，产生一定的投资效应，形成稳定的资金来源，表达了政府对旅游发展的重视；同时对社会投资发挥了积极的引导作用。涉县加大财政对全域旅游发展的支持力度，加大对旅游基础设施和公共服务设施建设投入力度，形成了长效的旅游财政资金投入机制。通过财政拨付、贴息贷款等财政投入手段，充分发挥财政资金对全域旅游发展的引导性和引领性，撬动社会资金投入，不断提高财政资金的利用效率。

2016 年涉县对旅游专项资金投入金额为 3244.11 万元，美丽乡村建设资金 2230 万元，旅游道路专项资金 700 万元；2017 年涉县成功举办了邯郸市首届旅发大会，对旅游专项资金投入金额为 8218.8328 万元，美丽乡村建设资金投入额为 3715.6 万元，由于 2016 年大洪水，2017 年修建水毁旅游道路共投资 5049.03 万元；2018 年截至目前涉县对旅游专项资金投入金额为 5948.06 万元，旅游道路专项资金 1708.92 万元，并设置文旅专项基金 1000 万元。除此之外，涉县财政局还把重大建设项目优先纳入旅游投资优选项目，优先安排政府贷款贴息；对投资的重大旅游项目，在一定时期内免除其应交的全部或部分税款，扩大享受旅游项目税收优惠政策的企业范围；通过税收优惠扶持当地民宿、文创实体等新兴旅游项目门类；并对各项旅游创新进行奖励。

### （三）优先保障，用地问题迎刃而解

土地问题是发展全域旅游的一个大问题，涉县迎难而上，出台了《关于支持旅游业发展创新用地政策的意见》《涉县土地利用总体规划（2010—2020）》等旅游用地保障政策。

涉县积极保障旅游业发展用地。优先使用存量建设用地，解决旅游重点项目建设落地难的问题；确实无法在现行土地利用总体规划确定的允许建设区范围内选址的，在不占用基本农田的前提下，依法按程序进行土地利用总体规划的修改。对符合土地利用总体规划、城乡规划、风景名胜区规划、环境保护规划等相关规划的旅游项目，在编制土地利用年度计划时，优先项目排序，并按照项目建设时序，优先安排新增建设用地计划指标。

涉县创新旅游新业态用地政策。鼓励农村集体经济组织和农村集体经济组织以外的单位和个人依法使用建设用地办住宿、餐饮、停车场等旅游接待服务企业或参与乡村旅游基础设施建设。支持旅游停车设施用地，与发改、交通运输、住建、旅发委对接，依据城乡总体规划，统筹布局县城、乡镇、景区及特色保护类村庄内停车设施，鼓励在有条件的农村公路周边设置交通驿站等服务设施，综合考虑停车等方面需求。

涉县加强旅游业用地服务监管。做好用地组卷和确权登记等服务工作，提前开展勘测定界、地面附着物清理登记确认、告知、听证和土地征收方案编制等前期工作，尽力缩短用地报批周期。建立部门共同监管机制，风景名胜区、自然保护区、国家公园等旅游资源开发，建设项目用地供应和使用管理应同时符合土地利用总体规划、城乡规划、风景名胜区规划及其他相关区域保护发展建设等规划，不符合的，不批准用地和供地。严格旅游业用地供应和利用监管，严格旅游相关农用地、未利用地用途管制，未经依法批准，擅自改为建设用地的，依法追究责任。

### （四）银企沟通，金融部门搭建桥梁

旅游业是国民经济的重要产业，是县委、县政府促进产业结构调整和优化升级、转变发展方式、扩大就业、推进和谐社会建设的重要举措。但旅游产业在发展过程中还存在开发资金不足、基础设施不够完善、服务水平较低、旅游产品和品牌知名度不高等问题。解决好目前存在的问题，离不开金融的助推。涉县各金融机构充分认识到了支持旅游产业发展的重要意义，把推进旅游产业发展作为拓展业务、培育盈利增长点的努力方向，创新金融产品，加大投入力度，提升金融服务水平，实现了旅游产业与金融业的同步快速发展。

为发挥金融政策对全域旅游的推动作用，涉县制定出台了《关于金融支持涉县旅

游业快速发展的指导意见》，提出了多项支持措施，并迅速将意见印发各金融机构遵照执行。加大对生态旅游精品景区、人文旅游精品景区、旅游基础设施建设、地方特色旅游产品开发、旅游品牌宣传的信贷支持力度。经过多次对接，11 家商业银行与 20 多个重点旅游发展项目达成共识，达成贷款意向 12.7 亿元，已发放贷款 8.1 亿元，约占贷款总数的 40%，为全域旅游发展提供了资金保障。

各金融机构根据县“1+7”推进机制（“1”即以县旅发大会指挥部为总揽，“7”即县级领导分包 + 责任单位主抓 + 项目业主实施 + 援助单位对口援建 + 专项工作推进组服务 + 环境优化组保障 + 项目督导组督促检查），成立金融支持全域旅游银企对接领导小组，组建专班，安排专人具体实施。积极搭建政银企沟通交流平台，确保信息传递准确及时。建立互动机制，搭建“微信群”平台，充当银企合作共赢的“联络员”和“服务员”。共建立了三个微信群工作平台，即企业家微信群、银行家微信群和政府职能部门微信群，打开了新的便捷的交流渠道，为政银企实现快速信息沟通和高效推进工作奠定了基础。旅发大会期间每月召开银企对接会，调度各金融机构工作推进情况，协调推进资金保障工作，及时化解贷款过程中的问题和难题。

### （五）培训奖励，强化人才智力支持

人才与教育是全域旅游发展最为活跃的因素，涉县开展多种方式的旅游培训工作，通过全域旅游培训课、全域旅游重点工作安排、电视直播宣讲、干部群众话发展、专题宣讲会、干部集中封闭学习等方式整体提高全域旅游人才专业化水平，塑造

▲ 旅游扶贫专题培训

▲ 涉县民宿协会成立仪式

了一个“视野宽、知识新、能力强、专业化”、热爱全域旅游事业的优秀人才团队。

在旅游培训方面，举办了旅游扶贫专题培训班、全县领导干部集中封闭培训班、邯郸市（涉县）乡村旅游服务技能培训班、地接导游培训班和红色旅游市场营销培训班等。由涉县旅游发展委员会主办，涉县旅行社和涉县春秋旅行社承办，县各景区协办的首届地接导游培训班，从提高导游员服务能力、解说能力、应变能力水平、导游带团技巧入手等进行重点培训。还按照县委、县政府关于强力推进精准扶贫脱贫防贫工作的实施意见，组织乡镇主管旅游工作人员、旅游带头人、旅游从业人员、驻村工作队等 130 余人，举办了两期旅游扶贫专题培训班，围绕涉县扶贫工作“3691”框架，从涉县旅游业近年来的发展成果，特别是乡村旅游发展方向、趋势，通过举例子、亮成果，与外地先进经验比较，找出差距、提出办法，与培训人员对未来涉县旅游发展趋势、方向进行了深入的交流、探讨，达到了培训对象广、讲解知识实、反响效果好，进一步提高了旅游从业人员的水平和技能，提升了乡村旅游开发的思路和乡村旅游项目的档次和水平。2018 年 12 月 17 日至 23 日，在河北省旅游质量提升专题培训班上，涉县县委书记汪涛同志作为全省唯一一名党政主要领导应邀对全体学员进行授课，他以自己的亲身经历和一个又一个真实案例给大家带来了一场丰盛的全域旅游精神大餐。

▲ 奖励机制

▲ 奖励机制

旅游人才不仅要培养，更要奖励。在旅游人才的奖励机制方面有具体举措，出台了《关于进一步加快涉县旅游业发展的扶持奖励办法》，建立了稳定长效的奖励机制。涉县对旅游企业组织员工参加旅游行业岗位资格证书培训并取得合格证书的，给予培训费 50% 的扶持；对新培养或从本县外引进全国外语初级导游员或全国中级（普通话）导游员，并在本县从事导游工作 1 年（含）以上，奖励所属旅行社 1 万元；新培养或从本县外引进全国高级（普通话）导游员，并在本县从事导游工作 1 年（含）以上，奖励所属旅行社 3 万元。

同时，为把人才留在涉县，助力全域旅游示范区创建工作，加快全域旅游示范县建设步伐，县编委办多次与省、市编制部门沟通联系，积极争取党政机构限额、跑办旅游管理机构。在全县编制资源十分紧张的情况下，从全县机关事业单位为县旅发委调剂行政编制 12 名、全额事业编制 5 名，优先保障旅游工作领域用编需求。原文物局事业编制 8 名，机构划转后，县旅发委编制总额达 25 名，有效满足了全县旅游事业管理、服务工作的编制需求，促进旅游产业快速发展。

### （六）多规融合，规划编制奠定基础

良好的规划是旅游产业发展的重要保障之一，涉县不断完善旅游规划体系，及时

委托专业机构编制了《涉县全域旅游发展规划》，强化旅游规划的引领作用和刚性约束，不断推进全域旅游发展规划与其他相关规划的融合对接，为涉县发展全域旅游奠定了基础。

涉县先后聘请全国知名的旅游规划设计单位编制全域旅游规划，规划体系十分完整，涵盖全域旅游发展规划、发展规划实施方案和配套全域旅游专项规划。全域旅游规划为《河北省涉县全域旅游发展规划》；发展规划实施方案包括《关于打好全域旅游发展攻坚战的实施方案》《2017 年涉县 58 项重点项目建设百日攻坚战实施意见》等，这些实施方案涉及多部门参与，分工到位，责任明确，执行有力；全域旅游专项规划包括《涉县智慧旅游发展规划》《河北涉县旱作梯田农业系统农业文化遗产保护与发展规划（2013—2025）》《河北省涉县清漳河现代农业园区发展规划（2016—2020）》《涉县旅游公共服务规划》《涉县全域旅游营销规划》《关于旅游市场政治工作的实施方案》《涉县休闲农业与乡村旅游总体规划（2011—2020 年）》《河南店镇旅游发展规划》和《王金庄生态旅游综合开发规划》等。

# 第二章

## 全域旅游打造全域景区 各类项目创建百花齐放

经过几十年的快速发展，我国已经进入大众旅游时代，旅游成为新时代人民美好生活和精神文化需求的重要内容，成为人民群众获得幸福感的重要方式。传统的区域旅游发展以景区景点建设为主要内容的旅游模式，已经不能满足人民日益增长的美好生活追求。时间到了 2015 年 8 月，原国家旅游局发布《关于开展“国家全域旅游示范区”创建工作的通知》提出了大力发展“全域旅游”的目标。2016 年 1 月，李金早在全国旅游工作会议上提出，必须转变旅游发展思路，创新旅游发展模式，推动旅游从“景点旅游”向“全域旅游”转变。2016 年 7 月，习近平总书记在宁夏考察工作时指出“发展全域旅游，路子是对的，要坚持走下去”。2017 年 3 月，李克强总理在政府工作报告中指出“要大力发展全域旅游”。2018 年 3 月，李克强总理在政府工作报告中指出要“创建全域旅游示范区”。2018 年 3 月，国务院办公厅印发《关于促进全域旅游发展的指导意见》，提出要“开展全域旅游示范区创建工作，打造全域旅游发展典型”“把促进全域旅游发展作为推动经济社会发展的重要抓手”。原国家旅游局曾经先后公布了 2 批国家全域旅游示范区创建名单，2016 年 2 月，公布了首批国家全域旅游示范区创建名录，共计 262 个。2016 年 11 月，原国家旅游局公布了第二批国家全域旅游示范区创建名录，共计 238 个。截至 2018 年，全国全域旅游示范区

创建单位有 506 个。近些年，全域旅游的理念以燎原之势在全国得到迅速贯彻和传播，成为国内诸多县、市旅游发展的新思路、新方法、新探索。

2019 年 3 月，文化和旅游部办公厅印发《关于开展首批国家全域旅游示范区验收认定工作》通知，以及《国家全域旅游示范区验收、认定和管理实施办法（试行）》和《国家全域旅游示范区验收标准（试行）》，这与《国家全域旅游示范区工作手册》指标体系和《国家全域旅游示范区验收文件解读》等，共同构成了“办法 + 标准 + 手册 + 解读”的 4 大法宝，为全域旅游创建、验收、认定和未来发展方向，提供了前所未有的系统性引领准绳和实践指导。

同时，这些文件对全域旅游示范区创建中旅游供给部分提出了新要求：培育旅游新需求，壮大旅游新供给；实施“旅游 +”战略，拓展旅游发展空间；持续推进厕所革命，提升旅游公共服务水平；优化旅游要素配置，促进产业结构升级；协调推进，着力提升旅游业发展质量。这些新要求与旅游供给侧改革不谋而合，为旅游产品结构性失衡提供了新的工作思路。即以大力发展全域旅游为抓手，以旅游供给侧结构性改革为主线，以优质旅游为目的，持续增加有效供给，努力实现供需平衡。

全域旅游在全国范围内掀开旅游发展的新篇章。涉县抢抓机遇，认真贯彻落实新发展理念和习近平总书记关于全域旅游的讲话精神，坚持“旅游兴县”战略不动摇，

▲ 将心部落民宿

▲ 连泉风光

全面实施全域旅游示范县创建工作。近年来，涉县立足于“涉县只有一个景区，那就是涉县全域”的宏大构想，以战略的思维、长远的眼光，高站位做好全域旅游发展规划；以 2017 年举办首届邯郸市旅游产业发展大会（以下简称“旅发大会”）为契机，大力推进 42 个旅游项目建设，创新旅游产品，深入推进“旅游 +”，融合发展培育旅游新业态；优化食、住、行、游、购、娱六要素配置，完善旅游公共服务体系，增加有效供给，成为满足大众旅游需求消费的典范。在旅游供给方面走出了一条具有涉县特色的路子，被原国家旅游局称为“全域旅游的涉县模式”。

## 一、高瞻远瞩：创新规划，开展全域旅游顶层设计

编制全域旅游规划是全域旅游示范区创建的一个重要环节，坚持规划优先，引领全域旅游的健康发展。在规划时要高瞻远瞩，形成顶层设计。全域旅游示范区建设要求全域旅游发展规划涵盖《全域旅游示范区创建工作导则》的主要内容和要求，编制定位准确、特色鲜明的全域旅游发展规划，对全域旅游的发展具有引领性、指导性和操作意义。

### （一）规划引领，编制全域旅游规划

涉县意识到全域旅游规划的重要性，召集旅游规划专家和一线基层同志以及旅游

工作者，将理论与涉县的实际情况相结合，共同探讨涉县的全域旅游发展方向。按照全域旅游的思路进行规划，及时编制了《涉县全域旅游发展规划》，并举办专家评审会，专家一致认为《涉县全域旅游总体规划》定位明确、思路清晰，发展目标、战略布局符合涉县旅游发展实际，具有较强的前瞻性、指导性和可操作性，一致同意通过该规划。此外，涉县不断完善旅游规划体系，先后编制了旅游产品开发、旅游公共服务、营销推广、市场治理、乡村旅游等旅游专项规划和实施方案、行动计划。加快建立从旅游发展规划到旅游专项规划再到重大项目规划的多层次旅游规划体系。

表 2-1　涉县全域旅游专项规划项目一览表

| 规划类型 | 规划名称 |
| --- | --- |
| 旅游产品开发 | 《河北涉县旱作梯田农业系统农业文化遗产保护与发展规划（2013—2025）》《河北省涉县清漳河现代农业园区发展规划（2016—2020）》 |
| 公共服务 | 《涉县旅游公共服务规划》 |
| 营销推广 | 《涉县全域旅游营销规划》 |
| 市场治理 | 《关于旅游市场政治工作的实施方案》 |
| 乡村旅游 | 《涉县乡村旅游发展规划》《涉县休闲农业与乡村旅游总体规划（2011—2020年）》《河南店镇旅游发展规划》《王金庄生态旅游综合开发规划》 |

### （二）多规合一，全面融入旅游要素

2014 年 8 月，国家发展改革委、国土资源部、环境保护部、住房和城乡建设部发布《关于开展市县“多规合一”试点工作的通知》，该通知对全域旅游的规划工作具有重要指导意义。推进全域旅游示范区的建设，必须打破以往“规划打架”的局面，将涉及区域发展的各项规划整合起来。

涉县积极推进旅游规划创新和规划管理创新，大力推行多规合一，推进全域旅游发展规划与其他相关规划融合对接。在文化、农业、水利、林业、交通、城建等规划中体现旅游元素，增添旅游功能，满足旅游需求。全域旅游规划与文化规划深度融合，编制了《涉县八路军一二九师纪念馆景区红色旅游发展总体规划》和《涉县固新历史文化名镇控制性详细规划》；全域旅游规划与农业规划深度融合，编制了《涉县

休闲农业与乡村旅游总体规划（2011—2020）》《河北涉县旱作梯田农业系统农业文化遗产保护与发展规划（2013—2025）》《河北省涉县清漳河现代农业园区发展规划（2016—2020）》；与水利规划相融合，编制了《关于加快推进百座塘坝水体工程的实施意见》；与林业规划相融合，编制了《涉县3691“绿美涉县”攻坚行动专项实施方案》《涉县“百千万”乡村振兴战略行动实施方案》《关于加快建设太行山家庭林场推进全县造林绿化工作的实施意见》；与交通规划相融合，编制了《涉县千里旅游通道经济隆起带产业发展规划（2018—2020年）》《2018年涉县农村公路建设实施方案》。相关规划与全域旅游规划衔接，协调统一，实现了以全域旅游规划为统领的“多规合一”的目的。

## 二、市场导向：塑造品牌，不断完善旅游产品体系

随着国内经济社会发展，中国旅游市场已经从最初资源依赖型的观光阶段步入休闲度假时代，新市场、新需求不断涌现，因此，根据市场需求的角度开发旅游产品是涉县未来旅游市场健康发展的关键，也是创建全域旅游示范区的重要举措。目前，依

▲ 刘家民宿

托涉县的旅游资源情况确定了“一体两翼”的发展思路，构建了“396”旅游产品体系，创新了红色旅游产品、文化旅游产品、休闲度假旅游产品以及研学旅游产品，唱响了涉县旅游品牌。

### （一）确定“一体两翼”发展思路

涉县是中华文明的发祥地之一、中国人民解放军的诞生地之一、邓小平改革开放思想的发源地，是太行首绿之地，素有“华北第一蓝”的美称，文化底蕴深厚。按照国家和河北省战略部署，以全域旅游为方向，以建成“国内一流的文化休闲旅游目的地”为目的，以创建“国家全域旅游示范区”为核心抓手，立足于涉县文化资源优势，确立了“一体两翼”的发展思路，即以红色旅游为引领，根祖旅游、山水旅游为两翼的全域旅游发展之路，着力打造全国优秀旅游城市、休闲旅游胜地、国内知名旅游目的地。将全县划分为“东部千里旅游通道带、中部休闲养生带、西部生态支撑带”，以“旅游通道”串联三带，三带联动，形成了全域旅游发展新局面。

### （二）构建“396”旅游产品体系

由于传统的景区吸引已经不能满足游客的旅游需求，涉县积极整合全域资源，围绕核心吸引物打造片区内核心旅游目的地，形成了三大旅游目的地集群，即太行红河谷生态休闲旅游目的地集群、梯田大峡谷乡村休闲旅游目的地集群、红叶大峡谷山地休闲旅游目的地集群。以交通为主要连接通道，与其他区域构建重要旅游目的地联通。集中连片打造旅游目的地，形成以点带面，以线串联的旅游目的地集群体系。构建“396”旅游产品体系，以“中国太行红河谷、太行梯田大峡谷、太行红叶大峡谷”三谷为支撑，建设和提升娲皇宫、八路军一二九师纪念馆红色教育基地、太行五指山、太行梯田大峡谷、韩王九寨、太行红叶大峡谷、符山洞天福地、七佛湖（茅岭底水库）、团结湖小三峡等9大景区，辐射带动清泉寺、九峰山、南山寺、长生寺等60多个中小景区。达到空间旅游发展合理布局、旅游产品差异化打造、旅游产业均衡发展的整体效果。使涉县从旅游目的地1.0时代过渡到目的地集群的2.0时代。实现“自然景观、人文景观、现代景观”三景迸发，收获“生态环境好、群众钱袋鼓、政府财

▲ 清漳河大转弯

税增”三赢效果。最终实现涉县只有一个景区——涉县这一目标。

表 2-2 “396”的旅游产品空间格局

| | | |
|---|---|---|
| 三谷 | 太行红河谷 | 区域面积120平方公里，涉城、河南店、索堡、固新4个乡镇25个村。 |
| | 太行红叶大峡谷 | 占地面积200平方公里左右，在偏城和鹿头2个乡镇。 |
| | 太行梯田大峡谷 | 涉及3个乡镇，井店镇、更乐镇的部分和关防乡的全部。 |
| 60多个中小景区 | | 清泉寺、九峰山、山水连泉等60多个中小景区。 |
| 九大景区 | | 娲皇宫景区、八路军一二九师纪念馆景区、太行五指山景区、七佛湖景区、韩王九寨景区、多彩梯田景区、洞天福地景区、红叶大峡谷景区、团结湖小三峡景区。 |
| 千里乡村旅游通道 | | 贯穿10个乡镇、涉及158个村，覆盖面积1000多平方公里，惠及十几万群众。 |

## 三、全域配套：升级要素，丰富要素型旅游产品

按照在吃上抓特色、在住上抓舒适、在行上抓通畅、在游上抓水平、在购上抓实

惠、在娱上抓欢乐的理念，升级全域旅游产业要素。以承办邯郸市首届旅发大会为契机，涉县将“吃、住、行、游、购、娱”六要素打造成本地特色并上升为吸引物，提升县城服务功能和承载能力。

### （一）改善旅游交通，疏通最后“一公里”

全力推进旅游交通服务体系建设。打造了1300多里的“七彩千里乡村旅游通道”，总体编织了“三纵九横十八条支线”的游览公路框架，构建了横贯东西、纵连南北、四通八达、快进慢出、宜驾宜游的全域旅游大交通网络，谋划实施了“两纵四横三天路”的旅游道路建设框架。串联全县十个乡镇158个村，连通县域主要旅游景区、景点，实现了“一路七兴”效果，推动了县域旅游经济发展。

在道路建设中，将文化元素与生态打造相结合，处处是景点、处处是景观，打造红河谷运动休闲绿道体系、王金庄梯田文化休闲绿道体系、红叶大峡谷生态休闲绿道体系、团结湖生态休闲绿道体系、洞天福地文化休闲绿道体系5大全域休闲绿道体系。道路其间建设有旅游厕所和各类生态小品、观景平台，完善了旅游道路环线中的服务设施。全面提升了涉县旅游的通达性，切实解决景区最后“一公里”的难题；不仅满足游客的出行需求，而且能满足游客的旅游需求，极大地促进全域旅游的快速发展。

### （二）丰富住宿业态，优化住宿结构

在创建全域旅游示范区的过程中，涉县的住宿业获得长足的发展，各类住宿业态不断萌发，住宿类型不断完善，住宿产品结构不断优化。按照五星级标准建设了融合古镇体验、艺术养生、商务会议、康体运动、休闲娱乐为一体大型综合型旅游度假型酒店——赤水湾大酒店，总投资额达10.6亿元，拥有客房435间，可以同时容纳1600人就餐住宿，该酒店的建成，改写了涉县没有高档酒店的历史。目前，涉县拥有星级酒店3家，拥有客房426间，实现营业收入总额0.43亿元，涉县星级酒店经营情况如表2-3所示。

表 2-3　涉县星级酒店经营情况一览表

| | 星级酒店 | 2015年 | 2016年 | 2017年 | 2018年 |
|---|---|---|---|---|---|
| 接待人次（万人次） | 赤水湾（准五星） | — | — | 25 | 20 |
| | 龙山宾馆（四星） | 7 | 8 | 13.9 | 12 |
| | 涉县宾馆（二星） | 2.8 | 3.5 | 6 | 5 |
| | 涉县旅游宾馆（二星） | 3 | 5 | 9.6 | 7 |
| 营业收入（万元） | 赤水湾（准五星） | — | — | 15000 | 12000 |
| | 龙山宾馆（四星） | 3500 | 4000 | 6950 | 6000 |
| | 涉县宾馆（二星） | 896 | 1120 | 1920 | 1600 |
| | 涉县旅游宾馆（二星） | 900 | 1500 | 2880 | 2100 |

在创建全域旅游示范区的过程中，除了加强高档酒店建设之外，还结合涉县自身资源促进旅游住宿业与文化休闲业、特色生态农林业的高度融合，大力发展文化精品酒店、农家乐、休闲农庄、房车露营、家庭林场、乡村民宿等旅游住宿新业态，综合打造涉县特色旅游住宿产品，如房车露营地、盘龙山庄、紫薇山庄、火车乐园·列车宾馆、赵东田农家院·农家客栈、国全农家乐·窑洞住宿·帐篷住宿等。与美丽乡村、周边景区协调发展，突出地方特色、文化品位和个性化体验，逐步形成“村村有主题、家家有格调、人人有体验”的总体格局。目前，全县农家乐总数达到 300 多家，家庭林场 480 多家、乡村民宿 2000 多家，构筑了高端度假型、中端经济型和乡村体验型相互结合的旅游住宿结构，特别是各类乡村住宿形态数量多，开始成为涉县住宿接待的主体，

▲ 房车露营地

在促进农村居民参与和促进农民增收方面发挥重大作用。

### （三）提升传统景区，打造精品景区

在创建全域旅游示范区的过程中，按照“涉县就是一个大景区”的理念，大力推动景区的全域化建设。目前，已打造了北有红叶大峡谷、符山洞天福地，中有娲皇宫、五指山、八路军一二九师纪念馆、太行红河谷，南有多彩梯田等遍布全县的景区游览体系。涉县的各类景区（点）数量从2015年的20家增长到2018年的70家。目前，全县拥有5A级景区1家（娲皇宫），4A级景区3家（八路军一二九师纪念馆、太行五指山和韩王九寨）。占地面积21万亩的太行梯田已经成为我国具有代表性的农业文化遗产，正在申报全球农业文化遗产。除了高等级的A级景区之外，还建设了太行红河谷、韩王九寨、九龙槐、鲟鱼观赏园、欧情酒庄、水上玻璃桥、清漳水韵（世界最大直径水车）、乐悠悠幸福花海、蓝精灵欢乐岛、红河谷药园花海、红河谷湿地公园、红河谷火车乐园、红河谷佰泉渔村、山水连泉等大大小小的各类开放型、特色型景区景点。

为进一步增强景区接待能力，近些年还对娲皇宫景区、八路军一二九师纪念馆以及太行五指山景区进行提升改造。比如对上述重点景区积极开展智慧景区建设，增设了智能导游、电子讲解、网上服务等功能。目前，涉县的重点景区已经实现Wi-Fi全覆盖、监控全覆盖、线上线下同时售票的功能。作为涉县龙头景区的娲皇宫景区被评为“2017年度中国旅游总评榜河北分榜十佳旅游景区／片区”“2017邯郸旅游发展突

▲清漳河水面景观

▲ 太行湿地

出贡献单位”。2018 年，娲皇宫景区接待游客 210.7 万人次，比 2015 年增长了 26.2%，占全县总接待人数的 13%；实现门票收入 20535 万元，比 2015 年增长了 146.1%。太行五指山等景区的游客接待人次和门票收入也出现跳跃式的增长。

### （四）创新旅游活动，体验涉县风情

坚持节庆活动常态化发展，做到了每月有活动，每周有专场，每天有节目。“中国·涉县女娲文化旅游节”已经成为连续举办的主打旅游节庆活动，其中的“女娲祭典”被列为首批国家级“非物质文化遗产”。在涉县举办的邯郸市首届旅游产业发展大会上，组织实施 28 项系列活动，其中包括 6 项体育赛事、15 项文艺演出、3 项展事、4 项商贸活动，红色涉县国际马拉松大赛成为国家 A 类赛事，葫芦丝合奏活动创造了人数最多的吉尼斯世界纪录。

在每年的国庆期间、春节期间以及传统节日“小黄金”周期间，中国北方年文化节、北方六省最大的民俗庙会、红色国际马拉松、“女娲杯”全国旗袍大赛、太行五指

▲ 五彩路漫游道

山登山比赛、非遗展演、核桃采摘节、花椒采摘节、柿子采摘节等一系列主题活动轮番上演，异彩纷呈，吸引大量游客参与其中。县域游客总量在全省连续 13 个月排名第一，创造出“昔日三十万大军出太行，今朝千万游客进涉县”的新盛景，实现了从一日游向多日游、全年游延伸的重要突破，带动了旅游全链条、全要素消费，吸引了游客、社会投资人等各类要素的聚集，涉县成为以全域旅游拉动经济社会发展的火红实践地。“走进生态肺城·畅游诗画涉县”2018 中国·涉县金秋旅游季活动广受好评，该活动持续三个月时间，涉及 19 项内容，包括世界各国文化展演暨狂欢节、奇石根雕博览会、百里万人徒步大赛、涉县红叶文化旅游暨国际摄影节等，真正让游客到涉县体验冀南风景，感悟太行神韵，品尝涉县美食，在活动中将涉县的旅游品牌擦亮叫响。

### （五）开发旅游商品，突出地域特色

近些年，涉县旅游商品的数量快速增长，各类特色物产纷纷向旅游商品转化。建设了旅游商品一条街，涉县的旅游商品数量从原有的 1000 多种增加到 2000 余种，品位质量明显提高，地方特色异常突出。涉县花椒系列产品、核桃系列产品、将军岭酒业系列产品、女娲系列产品以及八路军一二九师纪念馆文创旅游商品等已有一定的

知名度。新建了太行民俗小镇水街、涉县老城区步行街、娲皇膳食坊、涉县夜经济步行观光街、涉县贸易街步行街等购物街区，满足了游客的购物需求。同时，提升涉县的抿节、饸饹、烩菜、菜锅小卷、小米焖饭等粗粮细做的饮食文化，对核桃、花椒、柿子等土特产品进行深加工，为各地游客提供了丰富多彩、独具风味的餐饮美味。为了发展旅游业，特别是伴随非遗展演、核桃采摘节、花椒采摘节、柿子采摘节、全国农产品展销及招商峰会、首届涉县北方美食节、中国北方年文化节等主题性节庆活动的举办，极大地带动了涉县特色物产、非遗项目、农副土特等向旅游商品的转化，特色旅游商品店和从业人员明显增多，不断推动特色物产的就地销售，成为促进人民群众增收又一重要来源。

## 四、融合发展：产业联动，积极培育旅游新业态

在旅游市场需求多元化的背景下，全域旅游产业横向延伸，向关联产业渗透，多产业要素叠加融合，从而为旅游者提供更加丰富多元的旅游产品、旅游空间和旅游新业态的关联产业，促进旅游功能全面增强，使发展成果惠及各方，让游客能满意、居民得实惠、企业有发展、政府增税收，形成全域旅游共建共享新格局。涉县深刻领会全域旅游的深刻内涵，通过与文化、城镇化、农业、林业、体育等的深度融合，形成旅游产业引导下的产业发展新格局。实现从“旅游 +”主动开放的融合发展模式向“+ 旅游”全域产业联动的高级模式转变，大力推动旅游与相关产业的融合发展，着力在完善功能和延伸链条上下功夫，不断培育各类旅游新业态，形成涉县产业融合创新。满足了游客文化感知、知识获取、休闲娱乐等个性化、多样化的旅游需求，树立了全域旅游发展新标杆。

### （一）旅游与文化融合，培育文化创意旅游业

按照县委、县政府“345673”宏伟蓝图和“六个三”发展战略，深刻理解文化和旅游的血脉关系，挖掘文化内涵，将旅游业打造成全面活化的大舞台。制定了《文化产业与旅游融合发展规划》，依托涉县的文化资源，开展文化展览、文化演出等活动，强力推进全域旅游发展之路。在 2018 年的“中国北方年文化节”和“金秋旅游季”期间，以主题鲜明的书画摄影展览、精彩纷呈的文艺演出、形式多样的民俗文化活

▲ 娲皇颂歌

动、琳琅满目的民间手工产品，主打女娲文化、红色文化品牌，提高全县旅游收入，助力文化旅游产业发展。目前，“中国·涉县女娲文化旅游节”已经成为连续举办的主打旅游节庆活动，创作了长篇诗、剧本等大量文艺作品，筹备 3D 动画《女娲》的制作，推出了大型表演节目《娲皇颂歌》和《太行英雄》。其中的“女娲祭典”被列为首批国家级“非物质文化遗产”。

2018 年，涉县重点扶持打造了几项大型文化产业项目，为游客提供了丰富的文旅大餐。一是涉县赤水湾太行民俗小镇、邯郸太行书画院项目建设。这一项目以展示太行山历史文化和民俗生活等内容的文化观光为核心功能，融合多种服务功能于一体的旅游服务商业综合体。二是女娲 5D 影院建设项目。以高科技 5D 电影形式载体，传承女娲精神，展示女娲文化，增强了景区的参与性和互动性。三是建设专题文化展馆。与娲皇宫旅游发展有限公司和交通运输局合作，推动建成了以女娲文化和以公路文化为主题的女娲文化馆和公路文化馆，为涉县增加了两个专题文化展馆，拓展了文化旅游项目，激发了社会各界参与文化建设的热情。此外，积极策划赤水湾大剧院商业化运作模式；为红河谷旅游发展公司配备了演出器材，打造商业演出团队，为下一步文化旅游产业的发展打下了坚实的基础。2018 年，在涉县努力下，赤水湾旅游开发有限公司和涉县旅游开发有限公司被列为邯郸市文化产业示范基地。

▲ 知青文化园

## （二）旅游与农业融合，培育农业休闲观光业

涉县乡村旅游资源丰富，类型多样，有绿色文化类、红色文化类、民俗文化类、历史文化类等，现有七个国家级历史文化名镇名村，包括固新镇、固新村、偏城村、王金庄村、岭底村，赤岸村、宋家村。6 个中国传统村落，包括王金庄村、偏城村、赤岸村、宋家村、固新村、岭底村。涉县充分利用乡村资源环境优势，依托特色农业，打造乡村体验休闲观光和乡村度假旅游产品。据统计，2017 年全县休闲农业经营主体 258 个，其中农家乐 211 个、休闲观光农业园 35 个、休闲农业专业村 12 个；休闲农业与乡村旅游从业人数 4300 人，其中农民就业人数 4100 人，带动农户 2512 户；全县休闲农业接待人数 180 万人次，营业收入 1.68 亿元。涉县乡村旅游已经成为农村发展、农业转型、农民致富的重要渠道，推动了涉县新型城镇化建设，为群众实现就地创业、就地就业、就地致富、就地幸福“四个就地”提供了条件。乡村旅游对乡村振兴的带动已成为样板。

农村田园景观与旅游产业融合，建设了泉溪鲟鱼生态园、凤凰山庄生态示范园、华艺民俗生态园、红河谷药园花海、红河谷佰泉渔村、向明乡村艺术基地、多彩梯田等一批休闲农业项目，逐步实现一、二、三产融合发展。2011 年，涉县被农业部、国家旅游局认定为“全国休闲农业与乡村旅游示范县”，2014 年，涉县旱作梯田系统获第

▲ 农业采摘

▲ 王金庄美丽乡村

二批“中国重要农业文化遗产”，井店镇王金庄被评为“2014 年中国最美休闲乡村”。

大力推动特色农业生产活动与旅游相融合，打造核桃、花椒采摘、鲜果采摘、农耕活动等旅游体验业态。通过千里乡村旅游通道和太行红河谷等项目的建设，带动了沿线农业观光采摘园、农家乐、乡村民宿等一大批观光休闲农业的发展。在“涉县金秋旅游季”期间，举办“到涉县摘核桃去”“2018 娲皇宫金秋葡萄采摘季”“要想健康好、涉县采黑枣”“太行涉县柿子采摘节”等多场农产品采摘活动，吸引广大游客参与。目前，核桃、花椒获得中国地理标志证明商标，是涉县的精品农产品。将特色农产品与旅游产业融合，打造花椒、核桃、柿子、有机瓜果等具有涉县特色的农业旅游商品。涉县举办农产品展销及招商峰会，展会现场交易额达 470 余万元，推进了涉县特色农产品向旅游商品转化。

### （三）旅游与林业融合，培育生态休闲业

近年来，涉县深入贯彻习近平总书记关于加强生态建设的重要思想，践行“绿水青山就是金山银山”发展理念，紧紧围绕县委“345673”宏伟蓝图和“六个三”战略布局。推动旅游与林业之间深入融合，大力实施 3691“绿美涉县”攻坚行动，坚持多部门共建、全社会联动，统筹协调，持续攻坚，全面提高森林的景观价值，提升城乡绿化品位，深化“林业 + 旅游”的融合发展道路，为全域旅游建设添砖加瓦。

扎实推进生态建设，夯实绿色基础。结合荒山造林、生态绿色廊道、人居环境整治绿化、经济林绿化、废弃矿山裸岩绿化、湿地利用保护等重点项目建设，持续开展生态示范工程建设，促进全区造林绿化提质增效，不断完善“绿色全域化”。涉县绿色资源丰富，围绕创建国家全域旅游示范区，不断完善红河谷生态公园、龙嘉生态

园、凤凰山森林公园、清漳河国家湿地公园景区景点建设，打造生态景观。乘着全域旅游示范区的创建工作之风，积极开展山区生态环境修复，创新实施“667”荒山造林法，实现经济林木与景观林木的结合种植，打造了圣福天路沿线绿化和凤凰山森林公园等精品绿化工程，春天绿黄相间，秋天绿红相间，常年万紫千红，美不胜收。重点实施“1151”绿化工程，即“一高”“一带”“五区”“一千个家庭林场”绿化。“一高”即青兰高速公路两侧生态景观提升绿化工程，“一带”即建设新时代千里乡村旅游通道绿化带，“五区”即建设“凤凰山森林公园”片区、“后池新愚公”片区、309国道“野猪岭”片区、“七最广场”片区、“森林龙虎”片区五个绿化精品片区。全力构建京津冀绿色生态屏障，打造国家全域旅游示范县，将生态环境优势转化为旅游发展优势，将绿水青山变成金山银山，创造出了更多的生态福利。新增绿化面积24.85万亩，全县森林覆盖率高达56%，被国家林草局给予“北有塞罕坝，南有涉县绿”的赞誉。

创新旅林融合发展模式，助推全域旅游新发展。涉县充分发挥林业资源优势，打造集养生休闲、森林运动、观光游憩等旅游综合体，实现森林资源保护和利用的有机统一，助推林业转型升级。在荒山绿化工程中，充分挖掘山地旅游元素，大力发展休闲苗木林业，积极开展生态旅游活动，把苗木的资源优势转化为生态旅游的经济优势。

▲ 大山里的民俗

### （四）旅游与水利融合，培育滨水旅游业

涉县大力推动旅游与水利融合，依托特有的山水美景、湿地公园、水库、塘坝等资源，科学合理利用水域和水利工程来发展观光、游憩、休闲度假等水利旅游。借助旅发大会东风，打造了清漳水韵（水车王）、红河谷湿地公园、青塔湖水利风景区等涉水旅游项目。目前，水利景区已经呈现出业态多元化发展、兴水惠民的良好态势，许多水利景区除了充分发挥水利工程的作用外，还通过“旅游+”融合发展，带动当地居民依托旅游发展增收、脱贫致富。

涉县立足变废、旧为宝，投资了240万元，对荒滩地进行收储、整理，打造成一座占地600多亩，集观光、休闲、度假为一体的“溪水杉木”湿地公园。通过建造清漳水韵，重现当年清漳河两岸军民生产生活的场景，向游客展示珍贵的历史文化遗产，成为涉县新的旅游休闲景观。青塔湖省级水利风景区自然条件得天独厚，生态环境舒适宜人，被誉为“太行天池、冀南凉都”。同时，涉县以旅发大会为契机，按照“3691”治水兴水新思路，大胆创新，采取疏护结合的方式，众筹社会力量，化解资金难题，对清漳河进行大规模综合治理，提高了防洪标准，同时还打造成为绿色生态

▲ 赤水湾水车王

景观廊道。进一步深入挖掘景区水文化和水历史，展示水利形象，开发旅游项目，发展水利经济，带动周边群众脱贫致富，助力“乡村振兴战略”发展。

### （五）旅游与体育融合，培育体育健身休闲业

旅游产业与体育产业作为“十三五”时期大力发展的五大幸福产业的两个重要产业类别，通过产业融合形成的体育旅游业态，不仅为体育的发展激发了新的活力，也为旅游产业的创新转型提供了新方向，成为当前现代服务业发展的热点和焦点。

涉县积极涌入体育旅游大发展的潮流，为完善体育活动设施，修建世界第一条七彩赛道，成为最高标准办旅发、创新思路办旅发的标杆、典范。依托涉县的山地资源优势，积极开展能够吸引大众游客参与的体育健身休闲活动。在涉县召开邯郸市首届旅游发展大会之际，打造了马拉松、登山、徒步、健身操大赛、广场舞大赛、水上项目表演赛以及晋冀鲁豫四省太极拳交流大赛等一系列休闲户外体育运动项目。为传承和弘扬太极文化，全力助力旅发大会，在韩王九寨—汉寨举办以“相约魅力涉县，传承太极薪火”为主题的太极拳交流表演赛，为广大太极爱好者搭建交流的平台，进一步带动了涉县文化、旅游、体育、健身等相关行业协同发展。在太行五指山风景区隆重举办以“美丽涉县、健康生活”为主题的京、津、晋、冀、鲁、豫、渝、苏八省（市）太行五指山登山比赛，当天共有 3000 余名运动健儿参加比赛。通过比赛，让广大登山爱好者和游客在领略涉县大好风光的同时强身健体，打造全民健身新时尚。紧接着，又举办主题为“奔逐红色之旅，助力全域旅游”的“太行五指山杯”红色涉县马拉松比赛。吸引了来自德国、白俄罗斯、肯尼亚等 18 个国家的外籍运动员，以及来自北京、上海等 15 个省市的 10000 余名运动员与体育爱好者参与。红色涉县国际马拉松大赛成为国家 A 类赛事，充分发挥了涉县红色元素，以马拉松为载体，带动红色旅游、体育旅游、全域旅游齐头并进、竞相发展，真正将涉县打造成为“红色文化 + 体育休闲”“红色旅游 + 全域旅游”的示范区。

### （六）旅游与城镇化融合，打造特色旅游小镇

近年来，涉县抓住国家新型城镇化综合试点和创建首批国家全域旅游示范区的机

▲ 金秋太行

遇，以人为本，创新思路，因地制宜，彰显特色。探索出一条符合山区特色的新型城镇化与新型旅游相融合的模式。涉县大力推动旅游与新型城镇化建设相结合，按照“太行底蕴、中调欧情、生态肺城、诗画涉县”的定位，启动了旧城改造和新区建设，一步一品，步步有景，山、水、景观浑然一体，实现了城景合一。依托涉县的资源优势，筹集资金打造特色小镇。在旅发大会期间，依托涉县的红色旅游资源打造了具有冀西南建筑风格和抗战文化特色的旧址群落——红色记忆小镇，突出体现了“革命文化、抗战文化、红色文化、产业文化、国防文化”五大文化理念，同时具备历史研究、陈列布展、影视拍摄、教育培训、遗址保护等多项功能，对传播涉县革命历史文化、丰富涉县旅游内容具有重要作用。同时，以太行民俗文化为内涵，将太行民俗体验、乡村美食、传统手工、土特产汇于一体，打造了“外朴内秀”型太行风情建筑——太行民俗小镇。两边水系环抱，形成集“尝美食、住民宿、看民俗、购山货、品艺术”为一体的乡村旅游新业态，为全域旅游的发展提供了新思路。

旅游与城镇化相融合不仅培育出特色小镇等旅游新业态，而且推进了新型城镇化建设。涉县强抓城乡一体化和全域旅游创建契机，为有条件的群众开展创业培训，积极引导他们主动参与到美丽乡村和旅游建设当中，支持发展“农家乐”“民宿”等旅游服务建设，丰富就业路径，提高就业成功率，助推就地就业开创新局面。推进农村人口走就地城镇化的发展之路。通过举办旅发大会，集中新建了一大批休闲度假、健康养生、参与体验等旅游新业态，新增了 18 个收费景区，建设了 33 个多功能驿站，开发各类旅游商品 1500 多种，通过大量修建基础设施和服务设施，吸纳民工 3 万余人，农民工日工资平均增加 30 ~ 60 元，人均一年增收 1 万 ~ 2 万元，提供固定岗位 2 万多个。很多老百姓在家门口就找到了致富路子，实现了群众“老婆孩子热炕头，挣钱就在家门口”的愿望。

## 五、四化合一：优质服务，创新县镇村公共服务体系

旅游公共服务贯穿了旅游活动的始终，是游客出游的服务保障，也是全域旅游国家战略成功推进、全域旅游示范区成功创建的基础保障。但随着游客数量的井喷式增长，游客对于公共服务的需求和旅游公共服务的供给是不平衡的。为积极推进全域旅游创建工作，涉县制定《涉县公共服务规划》，在旅游公共服务建设上不断完善，注重旅游公共服务的便利化、休闲化、信息化和安全化，在全国首创提出了“3+1+X”旅游服务中心体系，在全县所有乡镇、旅游村建立乡村全域旅游综合服务中心（站），推进全域旅游向纵深发展，向村级旅游服务延伸，由乡镇长、村委会主任任主任、站长，统一标示标牌，制定相关制度、落实人员安排，实现乡镇、村全域旅游的统筹发展，服务中心体系县域全覆盖，为游客营造良好的旅游环境、提供优质的旅游服务。

▲ 红色记忆小镇

### （一）公共设施便利化

涉县积极参与全域旅游公共服务质量提升行动，完善公共交通、厕所、游客中心、停车场、标识系统、自驾房车营地等旅游公共设施，实现便利化，满足居民和游客基本的出行需求。

疏通交通网络，实现出行便利化。2017 年至今，涉县大力弘扬新愚公精神，斥资近 4 亿元，在高山之巅、深谷之中、悬崖之上，修建了平均宽 9 米、总长 1300 多里的千里乡村旅游通道，贯穿 10 个乡镇、涉及 158 个村，覆盖面积 1000 多平方公里，惠及十几万群众。主要包括云中天路、青龙公路、圣福天路等十多段，以及沿路支段，直接连通太行红叶大峡谷、太行梯田大峡谷、太行红河谷等 3 个综合旅游片区，极大地促进全域旅游的快速发展。

此外，涉县高标准建成通景天路和乡村旅游公路，规划并安装候车厅，交通网络更加通畅，为自驾游游客和公共交通出行的游客以及当地居民提供了便利。连接涉县 A 级景区的 309 国道和省道 S213 涉左公路，目前都达到了二级公路以上标准。县城抵达乡村旅游点的乡村旅游公路全部达到等级公路标准。涉左线至娲皇宫、309 国道至太行五指山、前沿至后池、娲皇宫至太行五指山、东山旅游环线、圣福天路、云中天路建成 3 级以上的旅游连接线。涉县至娲皇宫和太行红河谷的旅游专线公交，以及县城中心城区至重要乡村旅游点的城乡客运班车全部开通。按照“四好农村路”要求，更新县内班车 27 部、新能源城乡公交 10 部，规划并安装候车厅 32 个、招呼牌 90 个，完成南关五级客运站建设及状元街 4 个城市公交候车厅安装。并落实城乡客运一体化，坚持把农村客运站、候车厅等基础设施与新改建农村公路项目同步设计、同步实施、同步交付使用，打造高品质农村客运服务一体化。

推进“厕所革命”，实现如厕便利。习近平总书记于 2015 年 4 月 1 日关于厕所革命的批示和 7 月 16 日在延边调研时提出“农村也要来场厕所革命”的号召，掀起了全国厕所革命的高潮。厕所脏乱差少偏，是游客和群众反映最强烈的问题之一，是城乡公共服务最薄弱的环节。涉县积极开展“厕所革命”，补齐厕所数量、提升厕所档次、规范厕所管理，从根本上改变群众“如厕难”“难如厕”的问题。涉县旅游厕所已经成为典范，形成了一套独特的厕所建设与管理体系。

自2015年以来，涉县大力推行“厕所革命”，建立了“厕所革命联谊会议制度”。把“厕所革命”的燎原之火从城市扩展到农村，从景区扩展到旅游通道沿线、乡村旅游点、旅游餐馆、旅游娱乐场所、休闲步行区。以合理规划厕所布局为基础，按照主要游客集中场所步行10分钟，或旅游公路沿线车程30分钟内须设置有旅游厕所或市政公厕的要求，在千里乡村旅游通道、乡村旅游点、车站、公共活动场所等游客集中场所新建、改建旅游厕所，达到相关标准。坚持“因地制宜、环保实用”的原则，严格按照城乡规划、土地利用总体规划和城市公共厕所等相关技术规范标准做好厕所规划。对城乡厕所的现状、布点进行全面摸底调查，明确厕所的数量和布局。广泛听取群众意见，从群众如厕需求入手，全面统筹厕所建设，切实提高规划可操作性。创新厕所管理方式，积极探索“以商管厕、以商养厕”新模式，利用企业广告、自动售卖等多种形式，创新开发厕所商业业态，完善厕所功能，降低管护成本。推广“互联网＋大数据＋厕所”模式，探索“厕所电子地图”、手机APP等技术手段在厕所管理中的应用，实现一键找厕所、用厕所、评厕所，方便群众和游客如厕。注重景区厕所软文化建设，在景区旅游厕所内张贴《旅游厕所文明公约》，提倡文明如厕。厕所内增加绿植、景区宣传画、涉县美景图片等布置，让游客文明如厕的同时，欣赏美景、净化心灵。

截至2018年年底，涉县共投资1000余万元，全力推进遍布全县各主要旅游景区、乡村旅游点的55座旅游厕所新建、改造任务，已经完成48座。在娲皇宫景区建设旅游厕所11座。其中：标准化3A级旅游厕所1座，位置在娲皇宫景区补天湖游船码头旁；A级旅游厕所3座（游客中心内1座，补天园中部女娲文化馆旁1座，景石广场1座）；全面提升了景区旅游厕所服务质量。在旧城提升改造工作中，将“厕所革命”作为重点民生工程，以“布局科学、数量充足、管理规范、群众满意”为基本要求，合理规划、高标准建设，着力从根本上解决群众“如厕难”“难如厕”的问题，并取得明

▲ 数字景区

显成效。在“中国太行红河谷”范围内，在拆除原有 3600 座户外厕所的基础上，片区内 1.2 万农户全部使用上改建的卫生厕所，极大地优化了乡村旅游的如厕环境。

建设全域旅游服务中心，实现服务便利化。努力谋划城乡统筹的全县旅游发展大格局，在提出县、乡、村 + 乡（镇）旅游综合驿站 + 景区“3+1+X”监管模式的基础上，在全国创新性地提出了在每个乡（镇）、重点村建立全域旅游发展服务中心的思路，在全县 17 个乡镇、村积极推进建设乡镇旅游服务中心、村全域旅游发展服务中心、旅游驿站、小型停车场等旅游基础配套设施，为游客提供了便捷化的问询、购票、导游、休息、投诉等服务。

投资 1000 多万元新建了辐射全县的游客服务中心和 33 个多功能旅游驿站，对娲皇宫景区、五指山景区、八路军一二九师纪念馆游客服务中心进行改造升级。新建的涉县游客服务中心，位于将军大道与娲皇大道交叉口，紧挨涉县赤水湾大酒店、毗邻八路军一二九师纪念馆，交通位置便捷，区位优势明显，融合交通换乘、旅游问询、智慧旅游、旅游执法等多功能于一体，成为全县全域旅游的运行和监控中枢。同时，导入以商务、会议、公务等专项接待为重要补充的旅游住宿服务系统，利用城市便利的购物、休闲娱乐、公共服务设施，与旅游专门机构一起构建综合性的大旅游服务体系。涉县游客中心运行良好，高效完成了 1300 人的“北大荒知青旅游涉县行”活动。升级的景区游客服务中心内设有接待处、贵宾室、医务室、母婴室、验票通

▲ 太行五指山游客服务中心

道、信息监控中心、警务室、休息间、LED 大显示屏幕等设施。主要为游客提供购票、咨询、投诉、导游、行李寄存、购物、邮政、休息等服务，游客中心还设有专为老年、残疾人、儿童等特殊人群服务的各种服务设施，为游客提供更加人性化的服务。如：轮椅、拐杖、雨伞、童车、玩具等用具。

完善标识系统，实现识别便利化。近年来，涉县坚持“以人为本”的准则，持续完善交通沿线及关键节点的旅游交通引导标识系统，实现旅游交通引导标识、旅游景区导览标识的设置规范化、清晰化。投资 100 余万元重点提升高速公路、国道、省道、旅游专用道路以及旅游景区、旅游度假区、乡村旅游点、商业步行街区等游客集中区域的旅游交通引导标识体系，目前，全县所有道路的旅游标识已连点成线实现无障碍指向，全县主要进出口、重要节点、主要停驻地，均设置了《全域旅游导览全景图》，实现了县域旅游标识标牌体系全覆盖。

### （二）公共设施休闲化

在推进全域旅游示范区建设过程中，涉县在保证公共服务设施基本功能的基础上，增强休闲化的设计，补齐公共服务短板，实现公共服务设施的共享利用，营造公共休闲环境，拓展公共休闲空间。不仅建设了千里旅游大通道，沿路进行了高水平景观化建设，而且打造了红河谷运动休闲绿道体系、王金庄梯田文化休闲绿道体系、红叶大峡谷生态休闲绿道体系、团结湖生态休闲绿道体系、洞天福地文化休闲绿道体系 5 大全域休闲绿道体系。建成了七彩马拉松赛道、公路文化馆、登山步道、环岛公园、绿建方舟、玉带河公园、赤水湾公园、涉县体育场等，满足游客和市民的休闲需求。

### （三）全域旅游信息化

涉县紧跟市场需求、游客需要，积极推动全域旅游数字化、智慧化进程，打造全域旅游发展新亮点。依托现代科技手段，高标准开展旅游信息化平台体系建设，提升旅游信息服务功能。首先斥资 350 万元，初步建立了涉县旅游信息平台，融合影像监控、治安、交通、客流信息汇总等功能于一体。同时，县城区域以及重点景区实现了 Wi-Fi 全覆盖。

其次推进了旅游景区服务智能化，县内主要景区均实现了网上电子购票服务，通过 Wi-Fi 网络、景区综合管理、电子票务系统、门户网站和电子商务、数字虚拟景区和虚拟旅游、游客服务互动体验六项 17 个子系统的建设，开创了景区数字化管理的新篇章。建设了以娲皇宫、八路军一二九师纪念馆、五指山等为代表的一批智慧型景区。目前，八路军一二九师纪念馆已实现网上电子购票服务，配有智能讲解服务，可以提供语音导览设备和抗干扰设备系统；陈列馆实现数字化展示项目，景区监控全覆盖，并接入河北省旅游数字化平台；娲皇宫景区作为涉县的龙头景区，更是依托 5A 级景区提升，加大智慧景区建设，在实现智能购票的同时，该景区还同步推进，规划建设了无线网络全覆盖、电子票务系统、语音导览、智能停车场、景区官网、电子监控系统、烟感报警系统等，建立数字化统一指挥平台，极大提高了景区的智慧化程度，景区软硬件建设实现了显著提升。

### （四）旅游活动安全化

旅游安全是游客在游览过程中的基本需求，为营造安全、文明、有序的旅游治安秩序和市场秩序，涉县强化旅游安全保障服务，健全旅游综合执法体系，设立县公安局旅游警察大队，指导全县旅游企业的安全保卫工作；指导景区景点开展秩序维护、内部安全保卫、巡逻防范、消防检查、服务求助等工作。切实保障游客在旅游过程中的安全。

除此之外，涉县还贯彻实施《旅游安全管理办法》，组织应急演练活动，建立健全旅游景区安全风险提示制度，规范旅游安全风险级别划分及风险提示，通过《涉县时讯》《涉县安监局群》《生产工作的通知》、电视播报、安全生产检查、提示牌等渠道及时向旅游者发布旅游安全警示。制定了《涉县旅游生产安全事故总体应急预案》《涉县旅游景区灭火和应急疏散预案》《涉县旅游景区重大活动应急预案》《涉县旅游行业特种设备事故应急抢险救援体系》《涉县旅游景区防洪抢险应急预案》《涉县旅游景区地质灾害防治预案》《涉县旅游道路交通安全事故应急预案》《涉县旅游行业食品安全应急预案》等，完善旅游安全管理制度，强化有关部门安全监管责任，全方位保障游客的安全。并与本地 110、120、119 签订救援协议书共建合作救援机制，成立景区应急救援队伍，签订与娲皇宫景区、八路军一二九师纪念馆、太行五指山风景区之间的应急救援互助协议。制定了由市场监管局、公安局、安监局、消防大队、交运局、交警大队、所在地乡镇共同参与的旅游安全联合检查制度。

# 第三章 全域旅游带动全县改造 城乡建设风貌焕然一新

党的十八大提出了新型城镇化发展理念，倡导通过发展模式创新，探索多元化的新型城镇化发展之路，为新型城镇化建设指明了方向。涉县抓住国家新型城镇化综合试点和创建首批国家全域旅游示范区的机遇，以人为本，创新思路，因地制宜，彰显特色，探索出一条符合山区特色的新型城镇化与新型旅游相融合的发展模式。

通过发展全域旅游，涉县城镇建设风貌焕然一新。积极完善城市建设、美化城市环境、营造城市特色、提升城市品位，将涉县打造成为中国文化旅游强县、冀南旅游中心目的地和晋冀豫结合区旅游中心；为农村人口提供就业机会，提高农民素质，实现人的城镇化和现代化，并充分优化了农村人居环境，为农村发展带来新业态、新机遇；通过发展旅游业特别是发展全域旅游，挖掘地方文化、保护地方生态环境、建设完善的基础设施和公共服务体系，大大提升了服务效能。

全域旅游的带动作用有目共睹。近年来，涉县相继荣获“全国文明县城”“国家园林县城”“全国文化先进县”“全国双拥模范县‘六连冠’”，同时还荣获“全国休闲农业与乡村旅游示范县”“全国新型城镇化质量百强县”“全国四好农村路示范县”“全国投资潜力百强县”等 30 多项国家级荣誉称号。

## 一、城旅一体，走新型旅游城市发展之路

### （一）三区并进，扩容提质实现宜居宜业

站在“涉县大事、百年大计”的政治高度，按照“一体两翼”的思路，以扩容提质为核心，以增强承载功能，提升县城建设整体水平为目标，涉县持续开展旧城区改造，加快推进西部新城建设，全面启动东部新区建设，实现“三区并进”。

为确保旧城改造顺利推进，涉县建立健全组织机构，落实任务和职责分工，实行“双百”工作推进法。旧城区拆改集中攻坚方面，坚持“拆、建、管”与“堵、乱、脏、差”治理相结合，实现“散、乱、污”企业彻底清零，加快推进棚户区改造。基础设施提质集中攻坚方面，加快推进育才街、龙山大街、城中街等整体改建和修复整治，完善水、电、气、暖、讯等公共配套服务。同时，按照“海绵城市、生态修复”的理念，实施游园建设工程，改善旧城区生态环境；结合“文明县城”创建，规划建设标准公厕58座；新建一批停车场，建设一批停车位，整合一批国有资源，根治“停车难”顽疾；新建便民市场35处，改造提升一批原有综合性便民市场，满足居民日常生产生活需求；谋划建设若干足球场、篮球场等健身场所，满足居民精神文化需求。市容市貌整治集中攻坚方面，以沿街建筑物整治、以道路卫生整治为重点，采取加强监管、拆除、取缔、增设环卫设施等措施，优化人居环境，提升城市形象。交通秩序规范集中攻坚方面，坚持路面管理和源头管理相结合，完善道路基础设施体系，规范停车秩序，构建智慧交通体系，完成装卸站、南关、迎春街客运站升级迁移等，加大“黑车”打击力度，并依托数字化城管平台，将“双违”集中整治、规范摊点管理、治理违规占道、规范广告牌匾、城市道路管理、垃圾收集清运及大气污染治理等全部纳入城市综合管理范畴，提高城市环境管理精细化水平。通过惠及十几万群众的改造，旧城的天变大了，视野变宽了，马路变美了，城镇更整洁、更亮丽了，便民市场变多了，门店立面变美了，市政设施变好了，车辆通行变快了，群众心情变好了。

西部新城建设强势崛起，充分凸显涉县产城融合、宜居宜业、生态和谐的现代城市形象。按照“超北塞古、中调欧情、生态康养、田园特色”要求，涉县加快推进第二家园凉爽湖小区及凉爽湖周边林、水、路、绿的建设，凤凰山下海龙湾小区

启动建设，胜利路、状元街、龙南路西延等路网全面铺开，全力推进龙凤隧道建设，重点推进赤水湾太行民俗小镇、大一中扩建、滨河养老等一大批重点项目，启动文博中心、文化时代广场等一大批产业项目，同步加快基础配套设施建设，提升城市品质。

东部新区拉开框架，全力打造科技引领、创新驱动、资源聚集的城市经济辐射圈。涉县坚持“立足涉县，辐射周边”的理念，按照“规模化、产业化、信息化”原则，适时启动汽贸物流园区、将军大道东延商贸区、雲瑶合和水镇（龙湖公园）等重点项目，重点实施东枯河改造、309 国道城区段沿线整治、商贸城改造提质等项目，打造成县域内新的商业、休闲、娱乐、餐饮中心，与将军大道南侧商贸区形成两翼齐飞的格局。

### （二）城景合一，提升城市旅游服务功能

涉县依托游客消费群体，城市发展与“旅游休闲功能”无缝对接，致力于建设旅游服务型城市。按照“太行底蕴、中调欧情、生态肺城、诗画涉县”的定位，启动了旧城改造和新区建设，一步一品，步步有景，山、水、景观浑然一体，实现了城景合一。

为营造城市居民与外来游客共享参与的“生活游憩空间”“城市会客厅”，全方位助推城旅一体化发展，涉县在旧城区扩大绿化面积，对旧城景观风貌进行提升；提升水街区、涉县步行街区的景观及设施，打造为涉县城市休闲旅游街区；改造完善晋冀鲁豫边区税收陈列馆、龙山文化广场 2 个社会资源示范点，进行旅游规划；完善龙山公园、龙湖公园的休闲旅游配套设施，进行主题化旅游利用；对将军大道实行景观亮化工程，举办涉县城区休闲夜跑活动；投资 1000 余万元建成了涉县游客服务中心，该游客服务中心位于将军大道与娲皇大道交叉口，紧挨涉县赤水湾大酒店、毗邻八路军一二九师纪念馆，交通位置便捷，区位优势明显，能够为广大游客提供旅游咨询、票务等旅游服务；以承办全市第一届旅发大会为契机，围绕“吃住行游购娱”六要素，提升县城服务功能和承载能力；利用城市便利的购物、休闲娱乐、公共服务设施，与旅游机构一起构建综合性的大旅游服务体系。

### （三）规划引领，塑造特色城市旅游空间

涉县在城市规划与开发时，注重旅游开发与城市发展的良性互动。按照“太行底蕴、中调欧情、生态肺城、诗画涉县”的发展理念，康养产业、文旅产业、教育产业、商业地产等 30 多个重点项目业态开工建设，凉爽湖前邯郸第二家园拔地而起，凤凰山下海龙湾小区启动建设，城内龙凤大道、文旅大道、新时代大道、龙凤隧道等加快延伸，全国最美的新城呼之欲出。特别是总投资 13 亿元的滨河老年颐养康复中心，建成后将成为晋冀鲁豫四省三位一体的最前沿的养老服务机构。在县城总体城市设计指导下，完成涉县第二实验小学、文博中心、体育馆、图书馆、规划展览馆、游泳馆、润亲源滨河养老中心、邯郸市第二家园起步区等规划设计，协调周边环境，做好建筑群体空间组合，对建筑形式、比例、色彩、材质等方面提出引导和控制要求。进一步深化玉带河公园、西岗公园、龙山公园等城区内绿化游园的文化内涵，增加创意产品，提升品位和档次。

### （四）精准发力，创建美丽文明标杆县城

涉县先后 30 多次为各级领导来涉县视察调研、大型活动举办、省市县城建设观摩、重点项目观摩、各类迎检创城考核等做好城市环境保障工作。尤其是筹备、举办邯郸市第一届旅游发展大会期间，加强组织领导、科学合理调度、服务全县大局、全员全力投入，利用 100 天的时间，确保了承担的太行五指山旅游观摩业态项目等旅发大会各项任务按期保质完成，城区节会氛围布置工作高标完成。累计更换跨街彩虹桥广告 30 余面，安装灯杆广告旗、果皮箱广告 3700 余面（幅），更换大型公益广告 50 余块，振兴路、龙南路等 7 个电子屏每天滚动播放宣传内容，为活动成功举办创造了干净整洁、秩序井然的城市环境，营造了浓厚的氛围。涉县城市管理和综合行政执法局局长赵良田等 12 位同志被县委、县政府分别授予第一届邯郸市旅游产业发展大会标兵、三等功、嘉奖、优秀工作者等荣誉。河北省文明县城测评考核中，以“中国梦”、社会主义核心价值观、全国文明城市、规范道德行为、建设生态文明及党的十九大等为核心内容，设置灯杆旗、跨街彩虹桥、大型广告及果皮箱广告等 300 余块（幅、处）；按照高标极致、精心精细、精益求精的要求，实现了迎检测评期间城区无

一处占道经营、无一处店外摆放、无一处私搭乱建、无一处流动摊点、无一处垃圾遗留，以优美、亮丽、整洁、有序的城市环境，圆满完成了创城迎检任务。

在持续攻坚努力下，涉县相继荣获全国“四好农村路”示范县、“全国中小城市投资潜力百强县”“全国新型城镇化质量百强县”“中国最美生态文化旅游名县”等一系列荣誉称号，全县高质量发展迈上了新征程。

## 二、乡村振兴，走就地城镇化的发展之路

新型城镇化是人的城镇化。在推进新型城镇化的过程中，涉县不是简单地将农村人口向县城转移，而是依托丰富的旅游资源，实现农民的就地城镇化。通过发展全域旅游，涉县为农村人口提供了大量的就业机会，发展乡村旅游新业态，深入推进农村面貌改造提升行动，农村人居环境明显改善。

### （一）全域旅游丰富就业路径，助推就地就业

涉县强抓城乡一体化和全域旅游创建契机，积极引导有条件的群众，主动参与到美丽乡村和旅游建设当中，支持发展“农家乐”“民宿”“渔家乐”等旅游服务建设，丰富就业路径，提高就业成功率，助推就地就业开创新局面。注重能够吸纳就业的三产服务业、旅游业项目，让全县的老百姓在家门口就能找到工作，不用再忍受背井离乡之苦。通过大量修建基础设施和服务设施，吸纳民工 3 万余人，农民工日工资平均增加 30 ~ 60 元，人均一年增收 1 万 ~ 2 万元，提供固定岗位 2 万多个。旅发大会产生了一系列的裂变效应，涉县人流、物流、信息流快速增加，全县迎来了每个来涉县游客收费景区门票总额达 1200 元、吃住 1000 元、购物 1000 元“三个一千元”的井喷式发展。周边群众获得了看得见的实惠，很多老百姓在门口就找到了致富路子，实现着群众“老婆孩子热炕头，挣钱就在家门口”的愿望。着力提高贫困人口创业就业能力，确保贫困家庭劳动力至少掌握一门致富技能。引导和支持用人企业建立贫困劳务培训基地，开展订单定向培训，建立和完善输出地与输入地劳务对接机制。加大对贫困村农民工返乡创业的扶持力度，提供创业担保贷款、创业指导等服务。深化“三长联盟”活动，吸引企业到贫困村从事资源开发、产业园区建设和新型城镇化发展等。

### （二）全域旅游带动环境整治，扮靓乡村面貌

涉县按照省市实施乡村振兴战略和农村人居环境整治各项决策部署，以创建全域旅游示范县为带动，以开展乡村振兴“一带六环”创建活动为抓手，立足自身特色，创新思路举措，持续发力推进，农村环境整治取得明显成效。

优化“一带六环”，突出标杆示范引领。涉县以实施乡村振兴战略为统领，将农村人居环境整治、森林涉县、全域旅游发展、脱贫增收致富等统筹融合推进，率先打造乡村振兴“一带六环”，即涉县农村人居环境和森林涉县示范带，第二家园环线、涉城—神头环线、索堡—偏店环线、索堡—辽城环线、西戌—木井环线、西达—合漳环线，作为引领全县乡村振兴战略的标杆和样板。一是打造一个农村人居环境和森林涉县示范带。示范带内打造形成了“七彩千里乡村旅游通道”，居全省“四好农村路”榜首，被评为全国示范县，邯郸市唯一的示范县。沿线村庄以“一路七兴”为目标，坚持“乡村旅游 + 富民产业”“改善人居环境 + 提升群众素质”“净化 + 绿化 + 美化”齐抓共管原则，建设“产业发展、环境美化、村庄绿化、乡风文明、设施完善”的示范村。二是建设六个环线。六个环线区域内，以“太行红河谷”“太行梯田大峡谷”“太行红叶大峡谷”为依托，结合旱作梯田系统申报全球重要农业文化遗产工作，做足“青山、绿水、石韵、绿脉、文魂、村美”等文章，依托青塔湖、庄子岭等生态资源，农业特色产业和乡村旅游产业蓬勃发展，森林涉县绿化水平不断提升，村容村貌不断改善，形成了生态宜居、村富民强的美丽乡村。三是推进精品示范“闪光点”。将更乐镇、涉城镇作为农村人居环境典型培育行动示范乡镇，培育了后池、刘家、后何、江新等精品示范村“闪光点”。不断完善生活垃圾治理、厕所改造与污水治理长效机制，深入推进绿化、硬化、亮化、美化等工作，不断擦亮太行山“环境润、田园绿、乡村富、人文美”等品牌。被国务院发展研究中心党组书记马建堂赞誉为“千里画廊、太行漓江”，被评为“中国美丽乡村建设示范县”“中国绿水青山生态宜居典范县”。被省委、省政府农村工作领导小组授予“河北省实施乡村振兴战略实绩考核结果先进单位”，成功迎接全市城乡建设现场观摩会，受到市主要领导的高度肯定。以“新愚公精神”发源地后池村为首新建的“梯峡九沟十三渡”景区，以后池新愚公精神党建教育基地和北方旱作梯田示范区为核心，初具规模地打造出 2 万亩北方旱作梯田、9 处山奇景秀的沟谷和 13 处山水交融的渡口湖面，成为全县乡村振兴先导区、

▲ 太行秋意浓

乡村旅游先行区、小康社会示范区。

着力开展专项整治行动，整体改善人居条件。围绕开展农村生活垃圾治理、厕所改造、生活污水治理、村容村貌和绿化美化等专项整治行动，着力完善各重点村基础设施，持续提升群众生活质量，农民群众的获得感、幸福感、安全感进一步提升。一是垃圾处理分类施策。投资 1300 万元，在涉城、河南店、索堡等 7 个乡镇 113 个村推行城乡一体化垃圾处理模式，其他乡镇、村均实行由保洁公司负责垃圾清扫、清运和处理，营造“天蓝水净、地绿山青、村容整洁、舒适宜居”村庄环境。涉城镇、关防乡垃圾资源化处理站已建成并投入试运行，如运行成功，将实现生活垃圾减量化 90% 以上。农村环境整治综合排名全市第二。二是坚决开展厕所革命。按照群众受益、经济适用、维护方便、不污染公共水体等要求，大力开展户用厕所改建，全县共拆除户外厕所 2000 余座，共改建、新建卫生户厕 8.9 万余座，建设村内旅游及联户公厕 43 座。三是污水处理有效管控。采取集中处理、小型湿地、纳入县城管网等模式，全县新铺设污水管网 200 余公里，建设污水处理终端 22 座，确保处理方式简便实用有效，污水乱流的现象得到有效治理。四是植绿护绿深入推进。坚持“生态立县”战略，把植绿造绿增绿作为首选之举，创新性提出了“667”造林法，2017年以来全县完成造林22万亩，全县现有林地面积126万亩，森林覆盖率达到56%，打造了雄伟太行的首绿之地，开创了生态文明建设的新局面，被国家林业和草原局评价为“北有塞罕坝，南有涉县绿”。五是村容村貌焕然一新。强化环境整治制度、队伍、机制、设施、资金、督查保障，彻底进行“四清一拆”，配备保洁员1560名、垃圾箱（池）2604个；开展城边、镇边、村边、路边、景边“五边”整治，持续美化净化环境；辅道、巷道和街景游园硬化坚持就地取材，新硬化41.3万平方米，新安装、更换路灯8500余盏。

### （三）全域旅游支持服务建设，培育增收产业

涉县深入实施旅游带动战略，推进旅游业与相关产业融合发展、互促共赢，推进单一的门票收入向旅游产业化转变，实现了城镇化建设与旅游发展的相互促进、相互支撑。

一是引导农民资产实现资本化。鼓励和引导贫困户将已确权登记的土地承包经营权入股企业、合作社、家庭农（林）场与新型经营主体形成利益共同体。鼓励利用农村闲置房屋入股乡村旅馆、农家乐等旅游开发；落实国家宅基地制度改革政策，在不改变农村集体土地所有权和农民宅基地使用权的前提下，允许农村居民与城镇居民合作建房、租赁合作、资产入股经营房产，共享收益。二是村集体实力日渐雄厚。村集体通过改善村容村貌，废除不合理承包合同、开展土地流转和适度规模经营，拓宽了休闲农业、商贸流通、投资参股企业等形式的经济增收渠道，全县年收入100万元以上的村集体达30个。三是特色农业蒸蒸日上。大力推进核桃、花椒、小杂粮、红薯、冷泉鱼、道地中药材等区域经济特色品牌产业基地发展，形成“三珍”“女娲”“宜维尔”等特色品牌。后池村农业综合开发生态治理、佰泉山庄、风升黑枣果酒、现代果品园等农业项目有序推进，带动特色品牌农业快速发展，提高产品附加值和农业产业化水平；创建了省级“核桃产业化联合体”，核桃、花椒、黑枣、连翘、柴胡等特色农产品获得国家地理标志保护产品称号，并与涉县旱作梯田系统结合，申报全球重要农业文化遗产，后池村成功争创“河北省休闲农业示范点”，涉县旱作梯田入选

“全国百个休闲农业精品景点”。全县共培育家庭农场主 33 个，休闲农业经营主体 395 个，接待游客 200 万人次，营业收入 1.8 亿元。四是乡村旅游红红火火。各示范村围绕旅游“六要素”，完善相关服务设施，培育的赤岸村手工作坊、常乐村刘家庄园、寨上村东山“农家乐”、茨村“渔家乐”一大批乡村旅游业态焕发出无限活力，发展态势良好，使“就地就业、就地创业、就地致富、就地幸福”逐步成为现实。全县新发展农家乐、民宿、特产小吃等 700 余家，从业人数达 5000 余人，带动农户 2500 户，新接待游客 517.6 万人次，旅游综合收入达 22.4 亿元，同比分别增长 60.8% 和 75.3%。

## 三、文化挖掘，全域旅游促进文化资源保护

### （一）争跑资金，传统村落保护得当

在全域旅游的带动下，涉县积极争跑上级专项资金，推进传统村落和历史文化名镇名村保护工作。通过积极申报争取，上级下达涉县东鹿头村传统村落保护资金 300 万元、岭底村保护资金 150 万元，原曲村保护资金 300 万元，岩上村保护资金 300

▲ 太行五指山

万元，拟实施传统村落建筑保护示范、基础设施和环境改善、历史环境要素修复、防灾安全保障、文物和非物质文化遗产保护利用等保护项目；岭底村、东鹿头村传统村落保护项目已完成工程预算、财政评审、招投标等前期工作，施工单位正按相关要求施工；岭底村历史文化名村保护项目已完成，投资 150 万元。持续推进固新镇历史文化名镇保护项目，省级 250 万专项保护资金已到位；目前，各项工程按规划要求逐步实施。省级历史文化名村抢救性保护资金 300 万元已全部到位，用于赤岸村、宋家村历史建筑修缮、基础设施改造、环境综合整治。赤岸村、宋家村保护项目基本确定，正开展前期工程预算、财政评审、招投标等工作。在此基础上，涉县出台了《2014—2020 年历史文化名镇名村保护工程实施方案》《涉县历史文化名镇名村和传统村落保护管理办法》《涉县固新历史文化名镇面貌改造提升项目设计方案》《涉县岭底历史文化名村面貌改造提升项目设计方案》《涉县宋家历史文化名村面貌改造提升项目设计方案》《涉县王金庄历史文化名村风貌改造提升项目设计方案》《涉县偏城镇历史文化名村面貌改造提升项目设计方案》等系列村镇保护方案和措施，力争保护好传统村落。

▼ 红薯小镇

▲ 太行民俗小镇

### （二）发扬特色，特色小镇异彩纷呈

涉县大力推动旅游与新型城镇化建设相结合，打造了红色记忆小镇、太行民俗小镇和太行红薯小镇等特色小镇，县城以及乡镇进行了大规模的风貌整治。

涉县太行民俗小镇是邯郸市首届旅发大会的亮点项目，为省市县重点工程。项目位于八路军一二九师纪念馆红色旅游景区入口处，将军大道两侧，东临涉左公路，西至清漳河岸，南北长约 2086 米，东西宽约 800 米。这里原来是乱石滩，还分布着采砂场、石料厂。为打造八路军一二九师纪念馆周边环境，增加景区功能，2012 年起对漳河段进行打造，项目总投资 15 亿元，分三期投资建设。项目建成后，这里将与八路军一二九师纪念馆融为一体，增加了吃住行购娱游，实现由“景点旅游”向“全域旅游”的转变，并将提升涉县旅游行业的服务功能和水平。

涉县是革命老区，境内红色遗址遍布，为突出红色文化主题、挖掘抗战文化内涵、提升产业文化层次，突出遗址建筑的革命承载、历史沿革和教育传承职能，涉县打造了红色记忆小镇。红色记忆小镇是八路军一二九师纪念馆承担的邯郸市旅发大会重点项目，占地 80 余亩，总投资 6500 余万元。在该项目建设中，把八路军一二九师政治部礼堂、交通总局、新华社、高等法院、学联、文联、太行军区司令部办公室、

▲ 涉县城市全景

朝鲜义勇军总部等 32 处有代表性的革命旧址，按照 1 ： 1 等比仿建，带给游客全新的体验。该项目的建设，将进一步提高八路军一二九师纪念馆的知名度和影响力，在周边地区形成一个以一二九师文化为品牌的产业集群，构建成集教育传承、休闲娱乐、产品开发、民生改善于一体的综合红色旅游区。同时，促进涉县对外的交流与开放，最大限度地发挥其政治效益、社会效益和经济效益，加快旅游产业结构调整，促进涉县经济结构转型。

太行红薯小镇，以郝赵村为核心，辐射全乡 16 个村，地理位置优越，交通便捷，千里旅游大通道井关线和太行山高速均贯穿其中。小镇以优质红薯种植、深加工为产业依托，红薯文化拓展为核心，以红薯产业推广协会为引领，探索出“电商 + 产业基地 + 农户”的乡村振兴新模式。小镇目前优质红薯常年种植面积达 1000 余亩，现有产品交易市场 3000 平方米，红薯产业推广协会会员 100 余人。除基本种植外，小镇还建成了包含红薯加工、红薯历史展览、红薯产品展示、红薯雕塑、粉条加工体验馆

等在内的红薯产业综合体验体。小镇产品类型多样，红薯干、红薯粉、粉条等系列产品应有尽有，电商平台营销发展迅速，“太行红薯小镇”文化品牌效应日益显现，真正成为全乡群众增收致富奔小康的拳头产业。

### （三）提档升级，休闲业态活力迸发

涉县对历史文化街区、商业活动聚集区等进行休闲旅游功能的改造和完善，形成了以水街、知青文化园、太行颂文化园等为代表的旅游文化休闲功能区，大大提升了涉县旅游吸引力。

涉县水街原为古七原村又称为延福村，是古商户的集散地，占地 85 亩，包括旅游购物、特色小吃、传统古玩三大功能区。由于河水减少干涸，逐渐衰落，消失在历史的烟波中，2017 年涉县重修水街。水街的发展以“做强旅游产业，展示涉县形象”为主题，本着“以会促销、以会提升”的原则，充分挖掘涉县历史文化、土特产品、

▲ 知青文化园

传统手工艺、非物质文化遗产等特色和内涵，共布展 16 个展室、22 间商业店铺，展销独具特色、品类各异、创意新颖的旅游商品 2000 余种。

知青文化园项目是邯郸市第一届旅发大会的一项重点工程，园内精心打造的知青广场、致富隧道、文化隧道、知青岁月、青春之歌、知青林等文化景点错落有致，各具特色，吸引着众多县内外游客前来感受、体验知青文化。知青文化园最大限度地还原了知青当年生产、生活、学习的原貌，形象再现了当时知青们攻坚克难、修路通隧的工作场景。

▲ 太行颂文化园

太行颂文化园是中国第一处以红色文化石刻为主题的景观园林，是太行山上一道“红色风景”，位于国家 4A 级风景区涉县八路军一二九师纪念馆将军岭上，占地 129.5 亩。该文化园主要以弘扬红色文化、革命文化和励志文化为主题，园内的石刻书法艺术作品既有八路军一二九师纪念馆馆藏的刘伯承、邓小平、李达等老一辈无产阶级革命家的手迹墨宝，也有 2014 年由中国书画研究院向全国征集的当代将军和书法名家的书画作品。

### （四）政策支持，文化设施效能提高

为推动全域旅游发展，挖掘文化资源，涉县制定出台《涉县创建第四批国家级公共文化服务体系示范项目工作实施方案》《关于进一步推进县乡村三级公共文化服务体系建设的实施意见》《关于进一步加强文艺创作、繁荣文艺发展实施意见》等一系列文件，为全县公共文化服务体系建设、完善文化设施、挖掘文化旅游资源提供政策保障。

涉县投资80万元，用于文化馆、图书馆内部达标建设及数字网络平台建设，对县文化馆和图书馆配足现代办公装备、扎实服务基础的同时，以提升服务水平为落脚点，相继创新举办了“畅游阅读书屋”“女娲杯书画展”“鼓韵悠扬起航”等一系列文化活动，使县文化馆和图书馆成为广大人民群众享受文化大餐的首选之地。在乡镇和农村，按照一级文化站的建设标准，对涉县更乐镇、井店镇、辽城乡、偏城镇等7个乡镇文化站和平安街道办社区文化服务中心进行了重点打造、高标装配；按照“七室一场”建设标准，对木井乡、偏店乡、西达镇等12个乡镇的文化站，进行了全面升级，更新了全套文化器材设备，全县乡级文化站均具有了服务群众的基础和能力，由过去的门可罗雀变成了现在的门庭若市。涉县投入资金87万元，高标准打造王金庄5个村文化活动中心，同时对全县300余个农村文化场所进行了全面改造提升。

## 四、生态发展，全域旅游推动县域环境保护

在全域旅游的带动下，涉县加大环境保护力度，加快推进城乡统筹，进一步提升县城基础设施承载能力，深入开展农村面貌改造提升行动。涉县正朝着绿的世界、花的海洋、水的源泉、云的故乡、旅游的胜地、生活的天堂阔步迈进。

### （一）植绿护绿，绿美齐抓增品位

涉县始终坚持“生态立县”战略不动摇，愚镢不停，连续攻坚，持续推进造林绿化，让“绿”的底色更加鲜亮，让生态优势更加彰显。

涉县以邯郸市首届旅发大会和全省县城建设观摩工作为契机，以山为骨架，以绿为本色，以水为底蕴，圆满完成旅发业态项目建设任务，短短的100天时间内，完成幸福园、胜利园、药园花海等30余处节点打造工程，新增绿地29公顷，栽植各类乔灌木80余万株，药材、地被植物78万平方米，栽植水生植物约5万平方米；完成了城区道路、公园绿化补植工程，对龙山大街、平安大街、振兴路、牌坊路等主次干道和龙山公园、西岗公园、玉带河公园等城区公园实施增绿、增效，补植各类园林苗木12.8万株；结合创建文明县城工作，在城区重要节点共摆放立体花坛174处，摆放造型花盆300余套，完成关防乡后池村300年侧柏、300年榉树古树名木资料库申报工作。

重点实施“11521”荒山绿化工程。“一高”，即青兰高速公路两侧生态景观提升

▲ 绿建方洲

绿化工程;“一带”,即千里乡村旅游通道绿化带,率先打造红叶大峡谷、太行红河谷、梯田大峡谷沿途景观林带;“五区”,即打造云中天路“七最广场”片区、圣福天路“林海云天”项目辐射区、关防王家片区、龙虎片区、“野猪林”片区 5 个绿化精品片区,各具特色、各显风格、各彰内涵;“两个森林公园”,即对凤凰山森林公园、后池桃花山森林公园进行绿化改造提升,增绿增景;“一千个家庭林场”,就是要确保 2019 年底前完成 1000 个家庭林场建设目标,实现千家林场绿太行。涉县着力推进三级郊野公园建设。遵循“让森林走进城市,让城市拥抱森林”的理念,重点建设第二家园,将帅谷、龙湖—九峰山、韩王山—清漳河湿地 3 处县级郊野公园,逐步形成与城市发展相适应的都市游憩空间环境。各乡镇以原有自然、人文景观、河湖水等为依托,分别建设 1 处以上郊野公园,进一步优化生活、生产、生态环境。

### (二)污染防治,清污治乱保靓洁

习近平总书记反复强调,“环境就是民生,青山就是美丽,蓝天就是幸福”。当前,涉县认真实施《涉县生态县建设规划》,谋划生态县,建设重点生态工程项目,全面完成生态县建设“十三五”重点项目。深入开展国家生态文明建设示范区、生态文明示范村镇及生态村镇创建活动，加快组织实施生态村建设，全面改善农村生态环境。到 2020 年，创建 60 余个生态村，并在原“国家级生态示范区”的基础上将涉县建设成为“国家生态文明建设示范区”。

坚决守住蓝天白云。涉县被列为河北省新“双三十县”之一，承担着省、市双重考核任务。涉县在确保完成省、市下达的减排任务基础上，大力开展了环境重点区域大气污染综合整治，淘汰落后产能企业 5 家，取缔小白灰、小煤场等“三小”企业 17 家，列入整治范围的 31 家重点企业全部棚化、仓化到位，309 国道、省干道道路扬尘污染得到有效治理。在全县钢铁、水泥、焦化、电力“四大行业”开展大气整治，完成 11 项重点企业环保设施升级改造，削减二氧化硫 450 吨、烟粉尘 550 吨。圆满完成市下达的拆锅炉拔烟囱百日攻坚行动任务，超额完成 17 项。深入开展“1+28”大气污染综合整治行动，大打秋冬季大气污染综合治理攻坚战。投资 5 亿多元完成 3000 多个污染节点的整治任务，取缔规范“散乱污”企业 271 家，淘汰改造燃煤锅炉 374 台。所有乡镇（街道办）环境空气质量自动监测站建成投用，全县空气质量综合指数、PM2.5 浓度、重污染天数降幅、降尘量四项指标均居全市第一。

全面推进水污染防治攻坚行动。涉县坚决落实河长制、湖长制，持续开展清漳河、浊漳河、漳河沿线环境整治，确保水质持续达标；重点开展全县农村生活污水整治工作，全年完成 120 个村庄生活污水治理；持续开展农村纳污坑塘排查整治，确保不新增一处纳污坑塘。紧紧围绕工程减排、结构减排、管理减排等几个方面，落实减排项目，共实施水污染减排项目 41 项，完成涉县清漳污水处理厂提标改造和管网扩建，新建更乐、井店 2 个乡镇污水处理厂。完成崇利制钢有限公司炼钢厂区生活水循环利用、金隅生活水回用、金牛焦化废水深度处理回用 3 个工业废水处理工程，完成 37 家畜禽养殖污染治理工程，累计削减化学需氧量 1526.01 吨、氨氮 120.72 吨。采取集中处理、小型湿地、纳入县城管网等多种模式，铺设污水管网 4.1 万米，彻底解决污水乱流现象。

### （三）洁净卫生，市容市貌上台阶

以“洁净城市”创建为主线，道路保洁和垃圾处理水平明显提升。从城区绿化、亮化、净化、美化“四化”入手，通过“分片推进，全面整改”方式，加大了环境卫生秩序整治力度。一是道路保洁实现了标准化。严格按照“洁净城市”创建和“双五双十”标准进行作业，道路保洁做到了洗扫常态化。积极尝试“借雨洗城”模式，以精细化作业提高环卫保洁质量。在主城区大力推行机械化作业，采取“机械清扫、人工清扫、洒水降尘”三位一体作业模式和人机联合、多机联合作业模式实施道路保洁，机扫率稳步提升，达到了75.04%。新购置4辆高压冲洗车，对便道进行冲洗保洁，实现了道路保洁全覆盖、无死角。相继通过了省市评估组对涉县“洁净城市”创建评估、暗访验收，顺利获评“河北省洁净城市”称号。二是环卫设施实现了提档升级。认真按照“双创双服”要求，启动了城区垃圾中转站建设、垃圾收集设施和公厕提升改造工程。累计改造公厕17座，新增小型垃圾钩臂箱（移动中转站）20座，位于龙南路龙山庭院西北角的垃圾中转站已建成并投入使用。近期，又计划购置真空吸尘车1辆、吸污车1辆、机扫车4辆、雾炮车4辆、便道冲洗车2辆、餐厨垃圾收集车1辆。同时，加大对垃圾箱、果皮箱等环卫设施的维护、修缮力度，确保做到了功能完好。三是生活垃圾无害化处理水平不断提升。加强生活垃圾收集、运输、处置规范化作业，切实提高生活垃圾无害化处理能力，城市生活垃圾无害化处理率始终保持在100%。与涉县金隅水泥有限公司签订了《涉县利用水泥窑无害化协同处置生活垃圾项目服务协议》。该项目预计投资1亿元，设计处理生活垃圾250吨/日，建成后，将实现生活垃圾的循环利用，减少对环境的污染。

农村环境整治全面常态化。推广了城乡一体化、公司市场化新模式，建立了“准职业化”保洁队伍，建设了“覆盖全域”垃圾处理设施，“每人每月一元保洁费”工作全部实施。全县按标准配齐垃圾池（箱）2604个，建成并投入使用1个县级垃圾填埋场，36个乡镇简易填埋场，配备、租赁垃圾清运车247台，配备保洁员1177名。通过“补短板攻坚月”“洁净家园·宜居乡村”等攻坚行动，集中打好环境整治“两改一清一拆”攻坚战，营造了“天蓝水净、地绿山青、村容整洁、舒适宜居”的村庄环境。

## 五、完善设施，全域旅游带动服务效能升级

### （一）厕所革命如火如荼

为深入贯彻落实党的十九大精神，以习近平总书记关于“厕所革命”的重要指示精神为指导，坚持政府主导、部门参与、政策支持、标准规范的原则，补齐厕所数

▲ 厕所革命

量、提升厕所档次、规范厕所管理，从根本上改变群众“如厕难”“难如厕”的问题，涉县先后出台了《涉县人民政府办公室关于建立涉县“厕所革命”联席会议制度的通知》《城乡厕所改造工程实施方案》《涉县旅游发展委员会“双创双服”活动旅游厕所改造工程实施方案》等通知及方案。

涉县结合“双创双服”，共投资1000余万元，全力推进“厕所革命”暨55座旅游厕所新建、改建任务。依据城区人口分布状况和人流密集程度在主城区新建5座公厕，在娲皇宫、八路军一二九师纪念馆、五指山、韩王九寨等景区新建A级旅游公厕4座，在大洼村、常乐村、王金庄村、连泉村等旅游重点村改建旅游公厕10座以上，在千里乡村旅游通道沿线改建或新建旅游公厕15座以上。

### （二）现有景区提档升级

被列为全国首批全域旅游示范区创建单位以来，涉县高度重视，精心实施，全力推进县域公共服务设施建设，强力推动旅游重点项目建设，高效提升景区、景点改造

▲ 景区改造提升

升级，打造了全域旅游河北版的涉县模式。

以承办全市首届旅发大会为契机，精心打造了 42 个旅游项目业态。同时，结合实际需要，娲皇宫、八路军一二九师纪念馆、五指山三个龙头景区开展了改造提升。并且，深入挖掘涉县独有的文化特色，大打文化牌。例如，整合井店镇王金庄、更乐镇张家庄、关防乡后池村等旱作梯田资源，积极申报全球重要农业文化遗产，打造了太行梯田大峡谷景区。充分立足于区域内的旱作农业遗产、红色文化、自然山水、古道等旅游资源，坚持个性化、特色化的发展方向，以线路化推进为主线，以区域的整体化提升改造为抓手，重点发展王金庄旱作梯田、后池新愚公景区、团结湖小三峡景区，促进现有景点提档升级，从观光向休闲度假升级，通过创意性、差异化发展，形成“一村一品、一路一调、一段一景”的发展模式，塑造全域乡村文化休闲度假模式。

建成了一批全域旅游基础设施配套项目。围绕在吃上抓特色，在住上抓舒适，在行上抓通畅，在游上抓水平，在购上抓实惠，在娱上抓欢乐等，建设了集“六项功能”于一体（能停车、能购物、能如厕、能乘凉、能照相、能维权），遍布景区的旅游驿站，运行了新能源旅游公交，开通了“爱涉县”旅游网和“爱涉县”旅游手机APP，新增农家乐300多家，接待能力大幅提升。全县17个乡镇正在推进建设乡镇旅游服务中心、旅游驿站等旅游基础配套设施，建成之后将为广大来涉游客提供便捷的旅游服务。

初步建立了信息化服务体系。斥资350万元，初步建立了涉县旅游信息平台，具备了影像监控、治安、交通、客流信息汇总等功能。同时，县城区域及重点景区实现了“旅游 Wi-Fi”全覆盖，娲皇宫景区设立了智能导游、电子讲解、网上服务等功能，实现景区智能化。将继续加大提升力度，计划投资500万元，实施信息中心提升工程。

### （三）交通道路提质便民

抓好旅游通道建设。涉县斥资近4亿元，建成了全长1300多华里的千里旅游大通道；该旅游通道以圪腊铺至田家嘴为轴心，涉及偏城、鹿头、西戍等10个乡镇158个行政村，主要包括云中天路、青龙公路、圣福天路等十多段，以及沿路支段，直接连通太行红叶大峡谷、太行梯田大峡谷、太行红河谷等3个综合旅游片区，极大的促进全域旅游的快速发展。同时，在道路建设中，始终坚持生态与文化并重的理念，将文化元素与生态打造相结合，处处是景点、处处是景观，道路其间建设有旅游厕所和各类生态小品、观景平台；串联了全县各主要旅游村、贫困村，让广大农村群众吃上了旅游饭，走上了旅游路；据统计，通道建成至今，已有100多个行政村开始发展乡村旅游，新建农家乐200余家、民宿70多家，有700余人靠旅游实现了就地就业。使该通道真正成为一条“旅游路、文化路、景观路”，更是一条“致富路、脱贫路、民心路”，成为推动县

▲ 将军路

▲ 踏上涉县

域旅游经济发展，破除乡村旅游交通“瓶颈”，实现旅游产业快速发展的重要工程，具有重要的现实意义。

农村道路提质工程。涉县对阳索公路偏城至史家庄、王堡至山西界、涉左线至塔坡等农村道路进行改扩建，对未改造到位的农村道路实施改造提升，确保改造提升实现“全覆盖”，让群众出行更方便，全面巩固和扩大全国“四好农村路”示范县创建成果。

城市公交便民工程。涉县全面理顺城市公交管理运行体制和机制，增加运行车辆数量，全部采用新能源车辆，科学设置公交线路和站点，开通 4 条运行线路，更好地满足群众出行需求。圆满完成客运南站、西站、北站 3 个城乡公交客运站点的整体外迁，实现平稳过渡运营。在城市及城乡公交、出租车客运市场深入开展了“打非治违”专项整治行动，更新新能源纯电动车辆 60 部、建设充电桩 18 个，更新出租车 33 部，确保了道路运输市场健康有序。加快推进实施河西街、玉带河等停车场建设，进一步完善城市功能，方便居民生活，全面加强精细化管理，规范城市秩序，改善城市环境。

# 第四章

## 全域旅游助推扶贫攻坚 农业乡村焕发勃勃生机

旅游业除了对于新型城镇化建设的重要助推作用之外，对于乡村振兴、扶贫攻坚和城乡融合发展方面，也有着重要和独特的作用。涉县县委在县第十三次党代会上响亮提出，要实施“旅游兴县”战略，全力打好全域旅游攻坚战，力争把旅游产业打造成县域经济转型升级、绿色发展的新引擎。涉县是河北省邯郸市唯一的全山区县，这里是千年古县、红色圣地，拥有得天独厚的历史文化资源和自然生态条件。如今，涉县充分发挥独有的生态优势和资源优势，大力发展旅游产业，加快县域经济转型升级步伐，真正把旅游产业打造成为县域经济的战略支柱产业。放眼望去，山清水秀的自然风光，娲皇宫、八路军一二九师纪念馆、太行五指山等景区景点，犹如一颗颗璀璨的明珠镶嵌在崇州大地，而 42 万山城百姓，正享受着全域旅游带来的红利，抢搭全域旅游的快车，革命老区涉县的新日子，恰如太行山间秋日的红叶，一片红火。

### 一、风雨兼程：脱贫致富攻坚战，奋勇担当冲向前

这是一段波澜壮阔的峥嵘岁月，涉县人民传承着千锤百炼的奋斗精神，强党建、抓发展、促转型、惠民生，开创了富强涉县、美丽涉县、幸福涉县的新辉煌；这是一个值得纪念的历史时刻，广大党员干部群众，历经风雨砥砺，经受淬火考验，积淀宝

贵经验，更加自信从容；站在过去与未来的交汇点，新的挑战和机遇横亘在涉县面前，“苟日新，日日新，又日新”，涉县又以奋斗的姿态踏上了新的征程。拼搏担当，初心不改，涉县干部群众以永不懈怠的精神状态、勇往直前的奋斗姿态，绘就了一幅革命老区山河新面貌！

一路风雨，几多荣光，涉县 42 万英雄儿女一同走过建设、改革和奋斗的峥嵘岁月，正迎来一个更加昂扬的新时代！回想 2017 年以来的 700 多个日日夜夜，涉县大地上出现最多的，是一个个热火朝天的场面，是一声声震天动地的号角，更是一群群汗流浃背的身影……

面对灾后重建、转型升级、社会创新以及生态改善等多重压力，涉县的日子过得异常艰难：依靠资源要素驱动，传统工业发展的路子越走越窄，发展速度和质量骤然下降，已跌至谷底。在选择转型升级新赛道时，涉县瞄准全域旅游，以红色旅游为主体，根祖旅游、山水旅游为两翼，打造全域旅游的涉县样板。涉县巨变、涉县震撼、涉县奇迹，困难面前有我们、我们前面没困难，干部群众一条心、担当作为向前冲，带着市委领导的关心和厚爱，涉县以改天换地的气魄、战天斗地的勇气，创造了一个接一个的奇迹，打造了一个接一个的震撼，从全域旅游到道路建设，从河道治理到城市扩容提升，从脱贫攻坚到改革创新等，各项工作均取得历史性成绩。

如月之恒，如日之升。迎着崭新的朝阳，行进在新时代的征程上，涉县已做出实现“一个目标”、突出“两件大事”、打胜“三大攻坚战”、聚焦“十一个新突破”、锻造“九个真落实”的庄严承诺，奏响了 2019 年的时代最强音。

时间不会停止不前，脚步更会稳步前行。2019 年，目标已定。涉县领导干部勇作先行者，苦干实干加巧干，每个涉县人，也如一个个星星之火，点燃了比奋斗、比担当、比作为的激情，以燎原之势开启了追逐梦想的风雨兼程。

### （一）事不避难，换来时代“新面貌”

近年来，涉县旅游发展迅速，旅游资源和旅游产业在全市乃至全省都是最好的。然而，真正用国内外著名旅游目的地的标准来对比，仍有很多不足；很多旅游资源说得出口，旅游产品却拿不出手；更多历史埋在地下，文化藏在书里，乡愁留在记忆里，特别是旅游品牌和号召力远不及知名旅游目的地。有产品，少精品；有文化，少体验；有资源，缺休闲；有游客，少消费的严峻现实让我们屡为游客的匆匆“到此一游”深感遗憾。正视和审视这些问题，更加激发了我们砥砺前行的动力。2017 年 1 月份，在接过承办第一届邯郸市旅游产业发展大会的大旗后，全县上下信心百倍、干劲十足，在县委、县政府的坚强领导下，广大干部群众凝心聚力，激情工作，党旗飘扬在工地上，支部建立在项目上，所有来涉县的领导、朋友和客人，无不被涉县大干快干的态势所震撼、所惊叹。

### （二）群众认可，全县人民跟党走

两年来先后召开五次电视微信直播大会、八次全委会、八次集中封闭培训，大手笔推动习近平新时代中国特色社会主义思想在涉县 1509 平方公里的土地上落地落实、开花结果。涉县干部更累了。从修建“四好农村路”到造林绿化，从项目建设到全域旅游，从深化改革到城乡发展，广大干部群众以“铁在烧”的激情、“炸碉堡”的勇气、“铁骨汉”的作风、“虎下山”的劲头、“愚公红”的底色、“箭离弦”的速度、“过日子”的信念，抓大事、扛硬活，一年干了几年的活，用辛苦和汗水换来了群众的认可。

### （三）齐心协力，全县人心更加齐

“345673”宏伟蓝图、“六个三”战略布局、“3492”重大工作任务、“3691”发展架构的提出，成为涉县发展的引航灯。四大班子带头冲、一级做给一级看，在以一二九师精神、后池新愚公精神、旅发精神等为主凝聚的“新时代涉县精神”鞭策下，全县人民一条心、一股劲儿、一个音，战胜了办旅发、修天路、改旧城、建乡村、促发展等遇到的重重困难。

### （四）提质增效，全县发展更加快速

经济结构迈向更高质量发展，涉县的三产占比首次突破 50% 以上，经过近两年的努力，涉县经济转型升级实现了困境翻身、铿锵崛起。“四好农村路”建设、全域旅游、造林绿化、城乡协调发展、“九个清”工作法和教育供给侧结构改革更是在全国

创造了经验。

### （五）生态优先，山河面貌大变化

2017年以来的两年时间，全县共完成造林45万多亩，人均投入2000多元。深入推进漳河治理，筑建41道堤坝蓄水1500多万方，百里漳河变成百里画廊。共修农村路4000多里，人均投入3000多元。百颗明珠耀太行，千家林场绿太行、万家民俗富太行，涉县的山变绿了、景变多了、水变碧了、天变蓝了、土变净了、空气变清新了，许多领导称赞涉县是“千里画廊、太行漓江”。

## 二、书写奇迹：笃定前行扶真贫，壮志满怀闯难关

### （一）持续抓项目，打造高质量发展的“提速引擎”

作为中国最具投资潜力百强县、特色魅力百强县200强、中国最美生态文化旅游名县、中国生态魅力县，涉县正吸引更多的客商前来，自2018年以来，涉县累计签约项目、落地项目、投产达效项目共达230多个，项目总数和完成投资额均创历史新高，成为全省工业转型升级试点示范县。其中新上亿元以上项目130个，落地项目120多个，投产达效项目70多个，绿色低碳循环项目占到60%以上，总投资超过600亿元。其中新能源小镇等百亿元项目进展顺利，生物材料产业园、双创孵化空间等集群性项目相继入驻，工科智能、一三绿色建材等科技型项目快速推进。正处于“攀悬崖，跃峭壁”关键时期，县长邢晟说：“我们要把发条上得再紧一些，把步子赶得再快一些”。涉县要彻底改变原来“一钢独大”的重工业结构，协调推进新型工业化、农业现代化和现代服务业，重点突破健康养生经济、休闲旅游经济、文化产业经济，构建万马奔腾、多点支撑的良好局面。

坚决去、主动调、加快转，全县产业结构正在实现向智能装备制造、新型材料、生物科技、能源环保、绿色建筑、文旅医养和食品轻工“6+1”新兴产业“万马奔腾”的重大转折。目前，涉县三产比为4.3 ∶ 45.7 ∶ 50，产业结构持续优化，产业转型取得明显成效：财税收入结构进一步优化，第三产业贡献税收占比达52%；新增市场主体收入持续攀升。

▲ 中国生态魅力县荣誉证书

创新发展、绿色发展、高质量发展迈出了新步伐。为推动项目建设，涉县从四套班子做起，自我加压，一级抓一级、层层抓落实。实施“六个一”服务机制，严格落实“四个干”“四色”管理制度，坚持全员招商、全民招商，重点对接“央字头”“国字头”、国内外500强等知名企业，在引进大项目、好项目上实现了新突破。

### （二）大力治环境，打造山河巨变的“诗画涉县”

涉县以全域旅游建设为契机，从交通、河道治理、造林绿化和大气污染防治等方面寻求突破，坚持重点带全局，集中力量大打攻坚战，山河面貌发生翻天覆地的巨变。

道路更平整通畅了。大打“人民公路人民建”的伟大战争，打造出了圣福天路揽众山、韩王天路挨着天、云中天路云中穿、王后天路踏山巅，“盘龙天路冲霄汉”等五条太行天路奇观，构建了横贯东西、纵连南北、四通八达、快进慢出、宜驾宜游的全域旅游大交通网络。

河水更清澈迷人了。在治河中，把水利工程与生态景观、旅游发展相结合，沿河筑起41道堤坝，蓄水1500多万方。创新实施乡村振兴“百颗明珠耀太行”工程，建设塘坝60座，百里漳河成为“百里画廊”，惠及68个村11万群众。

绿树掩映更万紫千红了。持续开展绿美涉县攻坚行动，2018年完成造林绿化25万亩，占市下达年度19.1万亩任务的130%。同时创新开展“百千万”工程，建设家庭林场487个，并丰富造林树种，提升造林层次，实现了“增黄、添红、强绿”。

村庄更美丽宜居了。持续推进农村人居环境整治，硬化街道41万多平方米，完成村庄绿化4200多亩，在113个村推行城乡一体化垃圾处理模式，农村生产生活条件进一步改善。创新开展“万家民俗富太行”，新建、改建民宿2000余家，一批落后偏远的小山村成为休养基地、写生基地。城镇更整洁亮丽了。连续打响旧城改造和西部新区建设攻坚战。同时，凉爽湖前第二家园拔地而起，凤凰山下海龙湾小区启动建设，胜利路、状元街、龙南路西延等路网全面铺开，海绵城市试点全省领先，城乡协同发展荣获全国新型城镇化质量百强县。

空气更润更清新了。涉县空气质量综合指数、主要考核参数 PM2.5 平均浓度两个指标继续保持全市第一。通过全县人民共同努力，创造了人均治河 3 米、修路 6 米、栽树 100 棵、出义务工 9 个的“全国之最”。

### （三）创新促改革，激发奔跑发展的“提质催媒”

面对繁重的任务、复杂的问题，涉县坚持深化改革解难题，开动脑筋勇创新，解决了一大批难事和难题。

围绕发展抓改革。“四好农村路”、造林绿化、全域旅游、城乡协调发展、“九个清”作风建设、教育供给侧改革等 6 项工作在全国创造了经验，几十项工作走在省、市前列，涉县成为邯郸干部群众心中的一面旗帜。

围绕激发活力抓改革。深入推进行政审批、商事制度改革，审批环节压缩 40%，审批时限压缩 50%，305 项办事办证实现“一趟清”，居全市之首，营商环境越来越好，群众办事更加方便、项目审批更加快捷。

围绕破解难题抓改革。探索出一批能复制可推广的“涉县经验”“涉县模式”“涉县路径”，如“667”造林法、“667”道路建设模式，分别被国家林业草原局和交通部肯定推广。在河道治理上，以“疏护结合、变废为宝”为原则，通过公开竞拍，持续加强河道生态治理。

围绕促进社会公平正义抓改革。不断深化卫生事业改革，县医院、中医院、妇幼保健院、乡镇卫生院装备改善。深化教育供给侧改革，强化农村基础教育，涉县农村小学装备水平达全国前列，《中国教育报》以“一个县的教育供给侧改革”为题，15000 字巨篇报道，教育部、省、市推广，更是全国十多年来所没有的。

### （四）真情惠民生，点燃感天动地的“幸福火焰”

涉县坚持以人民为中心，把解决群众难事作为突破口，用心办好涉及群众切身利益的事情，群众的获得感和幸福感更强了。

解决群众之难事，即是民心所向。以 2018 年底赤水湾大桥竣工通车为标志，全县灾后重建项目全部高标完成，道路、房屋、学校、医院、河道治理等全面超过灾前水平。特别是在 37 个村实施的农村饮水巩固提升工程，有效解决了 3.3 万多人饮水安全问题。

脱贫攻坚真扶贫、扶真贫。涉县从扶贫政策、扶贫产业、群众增收、户容户貌、精神面貌等方面加大帮扶力度，1 万多名党员干部用爱心送去了党和政府对贫困群众的关心和厚爱，2365 户 4200 人摆脱了贫困。

与此同时，涉县各项民生事业扎实推进。2018 年，城镇和农村居民人均可支配收入分别增长 8.6% 和 9.8%。教育、就医、就业和取暖问题有效破解，社会保障体系不断完善。

加大“平安涉县”建设力度，扫黑除恶专项斗争取得阶段性成效。全面加强巡防管控，社会治安环境持续好转。全力做好信访稳定，加大食品药品安全监管，进一步巩固了全县和谐稳定的大好局面。

### （五）激情转作风，抓牢从严治党的“钢铁法则”

实践证明，经济社会发展的关键在干部，干部的关键在作风。涉县持续抓实作风建设，领导干部带头率先垂范，身体力行，一级做给一级看。深入推行“九个清”工作机制，把管党治党的螺丝拧得更紧，把从严治党的笼子扎得更牢。

涉县把“忠诚坚忍、激情担当、创新拼搏、团结奉献、科学高效、敢打必胜”的新时代涉县精神作为党员干部干事创业的精神动力和力量源泉，保持冲天干劲，持续拼命干的作风，全县形成了主动干事、主动作为的浓厚氛围。

几年来，涉县坚持全面从严治党，政治生态更好了。各级党员干部带头风餐露宿、激情工作，1509 平方公里的涉县大地上，没有旁观者、局外人，都是先锋队、主力军，凝聚力、向心力前所未有。坚持铁腕问责执纪，紧盯违反中央八项规定精神和“四风”问题，先后召开两次警示教育大会，深入开展四个专项整改“回头看”，特别是以推行“九个清”工作法为统揽，改作风、提效能、树形象，使党员干部的工作状态得到大提升。

## 三、党建引领：全域攻坚狠落实，学比赶超气氛浓

2018年是全面贯彻落实党的十九大精神的开局之年，是打好脱贫攻坚的关键一年，是脱贫攻坚领域作风建设年，涉县始终以习近平总书记扶贫开发战略思想为指导，认真贯彻落实中央、省委、市委和县委决策部署，紧扣“两不愁、三保障”和“3691”扶贫脱贫防贫总体工作思路，突出目标导向、问题导向、结果导向，聚焦贫困对象退出标准、持续巩固提升脱贫成果，坚持脱贫攻坚致富奔小康与绿色发展、特色发展、转型发展相融合，着力在精准施策上下功夫，着力在优化生产生活环境、提升产业就业水平上出真招，着力在创新机制方法、提高群众满意度上见实效。为认真学习贯彻中央、省、市、区关于脱贫攻坚相关会议精神，检验各乡镇近期脱贫攻坚工作成效，提振精气神，在全县掀起脱贫攻坚比学赶超的热潮。

▲ 先锋岭上讲党课

### （一）模式创新，“一旗领三红”

党建为统领，政治建设引领战旗红，队伍建设引领改革红，“强乡富村”引领振兴红，涉县开创了党建“一旗领三红”探索出经济发展新模式。15个党性教育基地的相继建成，创新实施的“党建+项目”，让全县的战斗堡垒更加稳固，先锋模范更加突出。全县309个农村党支部全部实现换成届、换好届，村（社区）“两委”班子平均年龄比上一届下降8岁左右，农村党支部书记、主任“一肩挑”比例达到74.5%。

### （二）机制创新，“党建+”机制

把坚强的支部建在项目上，鲜红的党旗插在工地上，神圣的党徽戴在胸膛上，为

重点项目、“四好农村路”、森林涉县建设等工作凝聚了强大动能。在千里乡村旅游通道和太行红河谷等乡村振兴先导带（区），同步联创联建党建示范区，有力地促进了乡村振兴。

### （三）契机创新，“擂台赛”比拼

涉县以脱贫攻坚擂台赛为契机，创新发挥主体和主导作用，从零开始，逐户走访，分析致贫原因，寻求脱贫路径，量身定制脱贫措施，做到力度更大、底数更清、措施更实、效果更好；要熟悉各项扶贫政策，做到倒背如流，精准把握，精准实施；要学习兄弟县区先进经验，把产业和就业扶贫作为重中之重，抓到点上，扶到心里，争取顺利通过国考；要与人居环境整治，乡村振兴等工作有机结合，健全完善扶脱防贫工作体制机制，做到长久稳定脱贫不返贫。

### （四）意识创新，聚焦解难题

县委不断增强责任意识、紧迫意识，充分认识到当前脱贫攻坚工作的重要性，聚焦贫困村、贫困户精准发力，全力以赴抓项目，因地制宜兴产业，确保脱贫成果不断巩固和提升。要围绕基础建设、档案规范、产业扶贫、政策保障等重点工作，进一步细化目标，细化任务，细化举措，倒排时间，挂图作战，全力攻坚。进一步认清差距，查找短板，切实加大工作力度，逐项落实到位，确保各项任务高标完成。要集中优势兵力，聚焦主攻方向，不断解决问题，破解难题，坚决打赢脱贫攻坚战。

## 四、万众一心：绿水青山助增收，夯实致富根基路

涉县森林覆盖率 56%，革命旧址、人文古迹、自然风景等 100 多个景点星罗棋布，生态环境和旅游资源优势得天独厚。依托于此，涉县走起了绿色崛起之路。明确“六个三”战略布局，坚持“一体两翼”发展思路，涉县加紧构建覆盖全县的“396”旅游景区体系，建设“中国太行红河谷、太行梯田大峡谷、太行红叶大峡谷”，以“千里旅游大通道”串联三谷，老景区抓提升翻天覆地，新景区抓建设拔地而起。如

今，全域旅游成为涉县转型升级、高质量发展的提速新引擎。

### （一）依山傍水，休闲畅游促发展

赏太行美景、品农家美食，感受历史底蕴。人在林中，村在景中，如今，旅游业为东山村致富奔小康打开了一片新天地。七彩乡道宛若游龙，白墙灰瓦彩画映空。未到午间，涉城镇韩王山上的东山村便传来阵阵喧嚣，掩映在群山里的农家民宿吸引了全国各处游客的目光。

主人武慧兵和家人正忙着给就餐的游客端茶送饭，不亦乐乎。“现在环境好了，客人多了，别看是山上，这生活可比山下还好呢。”忙里偷闲，武慧兵笑呵呵地说。数年前，在外打工的他回到村子里，把老房子修缮一新，转行卖起了农家饭，一年收益 7 万多元。“别看村子不大，50 户已有 17 户办起了农家民宿，户均增收 1.5 万元。”村党支部书记李利山介绍说，依托生态建设，村民的生活越过越好。李利山指着远处的一处山场说，近几年，山里大规模植树造林，实行松柏杏桃多样化栽植，村里的百亩土地全部集中流转，统一规划使用；上山的泥土路拓宽铺油，“秦寨汉寨”等一批仿古建筑依次落成，融入历史文化，多个自然景观连成一片。

### （二）还林保绿，人民一起“森呼吸”

“北有塞罕坝，南有涉县绿”，涉县积极推进“3691”绿化模式，打造太行山首绿之地，累计造林 80 多万亩，全县森林覆盖率达 56%，成为八百里太行“呼吸最畅、睡眠最香的地方”，昔日“荒山秃岭和尚头，雨季洪水满地流。旱涝风暴年年见，十年九灾百姓愁”脆弱的生态环境一去不复返。其中，2017 年至 2018 年 9 月底，全县就完成造林 40.5 万亩。全县 42 万人，一年半人均栽树 100 棵。

“车在绿中行，人在景中游。”乘车穿行千里乡村旅游通道时，远处山间星罗棋布的白点点格外吸引目光。“白点点”是涉县植树造林独创的“鱼鳞坑”，为保土、保水、保肥，提高树木成活率，用冲击钻打破片麻岩、花岗岩，然后用鱼鳞板蓄土，从山下往山上背土，栽种大苗树种。自 2017 年以来，涉县创新实施了“6 化 6 步 7 株造林法”：“6 化”即市场化运作、多元化投入、工程化实施、责任

▲ 东山村

化推进、精致化栽管、景观化效果；“6 步”即刨坑、挡板、客土、栽树、浇水、管理；“7 株”即一个坑里栽七棵树，三簇连翘、三株黄栌、一棵侧柏，春天连翘吐黄，秋天黄栌染红，侧柏四季常绿。要栽树，谁给钱，哪来钱？涉县跳出旧框框，创新栽树增绿分期付款、卖树留绿还本盈利的办法，就是高度密植，两年后隔一株卖一株，“让 2018 年的树成为后年的苗木商品，从而实现卖树不卖绿”。

井店镇台北村，一株株近乎两米的核桃树长势喜人，树下栽种着连翘等中药材。“2018 年年初刚注册家庭林场，承包了 300 多亩荒山。”井店镇台北村村民杨喜庆预计，“两三年后就能有稳定收益了”。

县委书记汪涛表示：“我们历届县委、县政府，换届不换‘林字经’，像接力赛一样，一棒接着一棒干，一锤接着一锤敲，一张蓝图绘到底，把涉县建成‘花果山、水帘洞’。”青山为依，临水而居，近绿休闲，得天独厚的生态优势成了涉县经济社会发展的最大优势、最强引擎、最核心竞争力。

▲ 五指山烟云

## 五、幸福民生：千里坦途振乡村，取得成效百姓欢

### （一）不等不靠，“敢教后池变金池”

后牧牛池村位于涉县关防乡东北部，地处太行山深处，共有362户、1165口人，耕地面积916亩，退耕还林面积293亩，种的都是山地。在这里，祖祖辈辈上山耕种，走的是一条一两米宽的山道。以前，牲口是他们的脚力，运送农具和农作物只能肩挑背扛，劳作非常艰难；加上年轻人在外打工，荒芜的梯田越来越多。

看着日渐荒芜的梯田，后牧牛池村的村干部和老人们看在眼里，痛在心里，55岁的党支部书记刘留根从2015年开始，为改变家乡贫穷落后面貌，带领村民修路植树，引水上山，发展梯田经济，建设旅游景区，成为当地乡村振兴的带头人。面对艰苦的生产生活条件，后牧牛池村的村民们不等不靠，主动作为，心往一处想，劲往一处使，数百位花甲老人自带干粮、顶风冒雪，苦战百日，出义务工8000多个，打通了6100余米上山道路，铺起了一条通往富裕、通往幸福和梦想的路，翻开了“敢教后池变金池”的建设新篇章。这个只有1000多人的山乡小村人均增收超过1000元。

自2016年10月以来，在经历“7·19”和“8·4”特大洪灾后，利用两个多月时间，该村基本完成灾后重建任务，生产生活恢复正常。与此同时，后牧牛池村没有停下发展的脚步，按照“先规划、后实施”的总体要求，以“四美乡村”作为总体目标，谋划“生态优先、产业发展、景区建设”的建设方案。通过一年多艰苦卓绝的建设，硬化田间道路13000米，开辟梯田天路路基10多公里，绿化荒山6000多亩，山顶栽种柏树70多万棵，山腰栽种山桃、山杏、油松、栽培桃等经济林，沟底栽种芍药、木香、金花葵等中药材和葡萄、桑葚、樱桃等采摘园，实现了“山顶松柏戴帽、山间经济林缠腰、沟底林药结合”的生态目标。同时，同步进行种养、初加工、新能源和旅游等短中长三期结合的产业发展，打造后池“多彩梯田”、桃花山、石头古村落三个核心景观，培育独树一帜的邯郸后池新愚公精神学习教育基地。另外，建成拥有班级多媒体、微机室、图书室和实验室等高规格配套设施的后池新愚公希望小学。

为了加强“自身造血”功能，树立长远发展的健全机制，后牧牛池村对经营模式进行了革新，注册成立了旅游公司、农宅合作社和土地股份合作社，分别从农产品经营、旅游开发、土地流转经营和农家乐经营等方面，对后牧牛池村的发展探索机制化运作。

▲ 后池梯田美如画

通过两年来的建设，后牧牛池村彻底改变了原来闭塞落后的交通面貌，奠定了发展旅游的扎实基础。2016 年，后牧牛池村党支部被授予“全国优秀基层党组织”称号；2017 年，该村又荣膺全国文明村。山变绿了，地有水了，人心齐了，产业有了雏形，美丽乡村建设有了初步成果，穿村而过的乡道上过往的车辆接连不断，村后的山间松柏苍翠，巨大的绿植党旗璀璨夺目，踏逐梦路、登圆梦峰，观先锋岭，三五成群的游客为这里发生的惊天巨变不时连连称赞。同时也给群众带来了实实在在的好处，本村和相邻村的群众实现了就地就业，就地致富。在外务工的村民也纷纷回到村里，参与家乡的建设。这使他们真切地感受到不等不靠、主动作为，依靠勤劳双手改变生活面貌的真谛，这种“获得感”进一步提升了该村村干部和群众团结奋进的干事劲头。

### （二）有声有色，奔向幸福康庄道

关防乡郝赵村地处偏远，距离县城 30 多公里。2017 年，受益于千里乡村旅游通道的建设，村里的红薯产业发展有声有色。郝赵村是当地的红薯主要产地，产出的红薯个大、甜、出芡多，做出来的粉条细腻、筋道。然而因交通不便，长期以来，村子的发展止步不前。

“前些年，路窄难通行，出门基本靠走，种植红薯也挣不了几个钱，主要还是自己吃，要想往外卖，就那路，还不够来回的工夫钱。”谈起村里的交通，村民们直叹气。支书赵银良说：“前年的一场洪灾，更是把村前的道路冲得一干二净，几乎断交，现在新修的路 9 米宽，出门能坐车、货物直通家门口，可是一步到位了。”2017 年

▲ 后池桃花山广场大算盘

10 月，历时 3 个多月的旅游路井关线终于修通，便捷的交通为郝赵村带来了前所未有的发展机遇。

▲ 后池桃花山

该村依托传统优势，发展优质红薯种植 1000 亩，以此为原料，大力发展红薯粉条、粉皮和红薯茶叶等加工，通过建设红薯产品交易市场，发展电商，实现“工业品下乡”和“农产品进城”双向流通。赵银良指着堆满屋子的红薯介绍说：“一年收获红薯 280 万斤，可产粉条 30 万斤，收入 450 万元，人均增收 5000 元。”“过去想富跑不快，现在是路拉着俺们去致富，来投资的、买东西的、回乡创业的人越来越多！……路一好，咱农家的好日子一下子就来了！”村民们高兴地说。

路通畅，产业兴，农民富。如今，郝赵村也成了当地远近闻名的红薯小镇。

涉县共有 18 个乡镇(街道办)，308 个村。自 2017 年以来，将灾后重建与全域旅游、扶贫攻坚、美丽乡村紧密结合，从修路入手，努力打通山区群众发展关键环节，仅用 100 多天的时间，修通了穿越 10 个乡镇，途经 158 个村，总长 1300 多华里的“千里乡村振兴路”。沿线村庄的万千百姓正昂首挺胸地奔走在幸福的康庄大道上。

### （三）身价大涨，路平花开蝶自来

2017 年 6 月，邯郸市第一届旅游产业发展大会后，涉县火了，全县游客总量、游客增量连续十几个月在全省、全国领先。短短百余天内，涉县在清漳河两岸打造出了佰泉渔村、冰雕大世界、知青文化园、房车露营地、幸福花海、玻璃栈桥、太行红河谷旅游度假区、红色记忆小镇等 42 个旅游项目业态，举办了 28 项文化活动。期间，涉县与各地客商签约工业、旅游、农业等产业项目达 30 项，总投资额近 400 亿元。

太行群山中，“千里彩练当空舞，干事创业劲正酣”。如涉县人传唱的打油诗中所言，七彩千里乡村旅游通道如虹似练，蜿蜒伸展，将沿途太行红叶大峡谷、娲皇宫、八路军一二九师纪念馆红色教育基地、太行五指山、韩王九寨、洞天福地等上百个大小景观节点和上千个民俗节点串珠成链，沿途步步皆景，自驾游汽车排起“车龙”，缓慢向前挪动的间隙，游客们掏出手机拍照片或是录视频，记录下如画山景。圣福天路揽众山、韩王天路挨着天、云中天路云中穿、王后天路踏山巅、盘龙天路冲霄汉，七彩千里乡村旅游通道“昔日三十万大军出太行，今朝千万游客进涉县”。老乡们望见的绿水青山，正在一步步变成金山银山。

“不换道就是死路一条，我们打起旅游的算盘。”后池桃花山广场，210 个红黄蓝绿黑橙粉七种颜色的轮胎作“算盘子”，组成长 25.8 米，高 5 米的“七彩大算盘”，传递出老区人精打细算、集约节约过日子的质朴想法。关防乡党委书记康彦云估算，万亩荒山，只要管护好，三年后，后池人均收入能达到 20000 元以上。“人均 10 亩山场种侧柏，每亩收入 500 元；树下栽连翘，人均收入 15000 元，光这两项收入就 20000 元；还有旅游收入、梯田收入。”

▲ 鹿头乡老周背村

“快来听，这里的石头会唱歌。”圣福天路圣寺驼村附近的响石岭地质公园，五六岁的小游客正呼朋引伴，按照“乐谱”用石锤敲打大石头的不同部位弹奏一曲……沿着圣福天路，吃上“旅游饭”的圣寺驼村，村民年人均收入从 2016 年的 4200 多元增加至 2018 年的近 7000 元。

与圣寺驼村相距不远的鹿头乡老周背村，以前只有留守老人和儿童，而今，七彩千里

▲ 偏城镇庄子岭

乡村旅游通道通车后，年轻人纷纷回村创办民宿、开饭店、建林场、搞旅游。该村经营农家乐的老乡告诉记者，“山里山外到处都是游客，比往年多了好几倍，生意火得不得了，我的农家乐一天就挣 3000 多块钱。好多本村的姑娘小伙子都盘算着回来呢”。

▲ “八路军的母亲”李才清故居

沿着青塔村蜿蜒而上，一座座山岭擦身而过，海拔 1130 米的偏城镇庄子岭，已经成为涉县开发旅游的重点项目。“八路军的母亲”李才清的后人，在庄子岭上开了家农家乐，“只卖熬菜和拽面，一份 10 元，高峰时每天有 2000 多人就餐，一天就收入 20000 元”。“偏城不再偏，偏城要建城。”偏城镇党委书记李军灵说，截至 2018 年，全镇已发展农家乐 400 多家，每天接待游客超过 10000 人次，人均年增收 6000 元以上。

后池村、郝赵村、后何村、江新村、刘家村、圣寺驼村、老周背村……只是千里乡村旅游通道沿线 158 个村庄的缩影。仅 2018 年，全县就新增农家乐、民宿等 300 余家，从业人数 3000 多人，带动近 300 户贫困户脱贫致富。

过去，沿线 158 个村中，村集体经济空白村占到 1/3，而今，补齐交通短板后，核桃、花椒、柴胡、连翘、黑枣等涉县的五大国家地理标志保护产品和众多的农特产品进城“涨身价”。“俺们这山上可都是好宝贝，光野生中药材就有 100 多种。”除农特产品进城外，还引进绢花、纺织、家具等劳动密集型产业，吸纳老百姓就业致富。“就地就业、就地创业、就地致富、就地幸福”的梦想越来越近。

## 六、脱贫标杆：群众满意见实效，精准施策出真招

2018 年是全面贯彻落实党的十九大精神的开局之年，是打好脱贫攻坚的关键一年，是脱贫攻坚领域作风建设年，更乐镇始终以习近平总书记扶贫开发战略思想为指导，认真贯彻落实中央、省委、市委和县委决策部署，紧扣“两不愁、三保障”和“3691”扶贫脱贫防贫总体工作思路，突出目标导向、问题导向、结果导向，聚焦贫困对象退出标准、持续巩固提升脱贫成果，坚持脱贫攻坚致富奔小康与绿色发展、特色发展、转型发展相融合，着力在精准施策上下功夫，着力在优化生产生活环境、提升产业就业水平上出真招，着力在创新机制方法、提高群众满意度上见实效。更乐镇全镇目前共有建档立卡贫困户 359 户 814 人，2018 年高标准高质量完成 146 户 286 人脱贫和贫困村后何村脱贫出列的目标任务，累计实现脱贫出列 287 户 676 人，未脱贫 72 户 138 人。

### （一）凝聚思想创共识

更乐镇始终以“认真能解决一切问题，不认真是一切问题的根源”的工作态度和绣花功夫，集中开展脱贫攻坚“春季攻势”“夏季战役”“秋季冲刺”，多次召开专题会议研究、传达、贯彻中央和省市县委有关脱贫攻坚重要会议精神，力争找出问题，补齐短板，落实政策，攻克难题，把各项扶贫政策落到实处，聚焦精神传达，凝聚人心力量，统一思想认识，为完成目标任务提供坚强思想保障。

### （二）强化基础搞建设

高标准修复新时代千里乡村旅游通道更乐镇段，在下江线、井关线、江新线等主干道实施“扮靓工程”，将域内九峰山、青阳山、南洞、吕祖祠等景点连通，真正将井关线、下江线、江新线打造成了高标准的脱贫路、致富路、旅游路、景观路，为脱贫攻坚工作奠定了坚实的交通基础。

### （三）抓实项目为扶贫

一是产业扶贫。充分利用张家庄广阔的山场资源，大力发展中药材、花椒等特色

种植产业；充分利用更乐镇交通和资源优势，大力发展工业项目，并专门针对有劳动能力的贫困人口进行招工，为贫困群众提供就业岗位，实现了“一人就业，全家脱贫”；大力发展张家庄花灯产业，建立扶贫微工厂试点，广泛动员贫困户开展自力更生脱贫，助推稳定脱贫增收。二是旅游扶贫。大力发展乡村旅游经济，深入挖掘张家庄片的自然资源，以新时代千里乡村旅游通道建设为契机，打造了后何、大洼、江新、南漫驼等美丽乡村，完善了旅游基础设施；打造了青阳山旅游景区，完善了配套设施，增加了载体容量；打造了江新“百亩采摘园”，扩大了种植规模，丰富了采摘品种，增强了旅游吸引力。通过招商引资，与北京客商合作开发了江新“将心京连”精品民宿项目，一期打造精品民宿 6 户，共计划打造 26 户，造就了全新江新，为涉县民宿旅游发展蹚出了路子。通过发展全域旅游，村民们开起了农家乐，发展了精品民宿，旅游收入显著增加。三是培训扶贫。深入开展技能培训。将提升贫困人口就业能力，实现劳动力转移就业作为脱贫攻坚的重要措施。邀请县有关部门对有劳动能力的贫困户进行就业技能培训。同时，要求镇域内民营企业降低用工门槛，用工向农村贫困人口倾斜，开展“春风行动”活动，实现了有劳动能力的贫困人口稳定就业。四是健康扶贫。召开全镇医疗系统健康扶贫工作会议，成立由镇分管卫生工作领导任组长的医疗健康扶贫工作组，明确部门责任，全面推进全镇医疗扶贫相关工作落实。不断加强镇村医疗服务体系建设，加强贫困人口家庭医生签约服务管理，扩大政策知晓率，落实大病保险、医疗报销政策，确保贫困人口参合率、特大疾病救助覆盖率达到 100%。五是教育扶贫。对江联小学进行整体改造，不断提升教育条件。通过广泛宣传，在全镇形成了尊师重教的浓厚氛围。积极落实“两免一补”“三免一助”和“雨露计划”等教育扶贫政策，为因学致贫的贫困家庭减轻了上学负担。六是兜底扶贫。对没有劳动能力的贫困户，全部纳入了低保和五保范围，进行政策兜底扶贫，确保小康路上，一个都不能少。

### （四）对标先进找差距

为拓宽扶贫工作思路，学习借鉴优秀县市脱贫攻坚工作经验和成功做法，真正打赢打好脱贫攻坚战。2018 年 12 月 7 日，更乐镇组织领导班子成员、包村干部、各村支书主任、镇扶贫办及更乐镇卫生院负责人等 60 余人，赴曲周观摩学习。从其他地

方的优秀实践经验中寻找自己的问题，不断弥补工作缺漏，取长补短，进一步优化扶贫效果。

### （五）扶贫督导不止步

坚持高标准、严要求，以“绣花”的功夫和较真碰硬的作风多次开展扶贫工作大检查、大规范、大提升，及时发现和解决问题，消除脱贫攻坚工作中的各种“硬伤”，主要领导带头走村入户，对镇、村扶贫档案整理、扶贫征地标准化建设、帮扶责任人入户走访、村干部扶贫政策宣讲等情况进行督导检查，推进精准扶贫工作落到实处。

### （六）入户走访暖人心

多次召开培训会，对帮扶责任人进行政策业务培训，进一步明确帮扶干部的帮扶责任，通过因户施策、政策宣讲、与帮扶户“同吃同住同劳动”等方式，将产业带动、转移就业、教育支持、医疗救助等扶贫政策措施落实到每个贫困户，用群众听得懂的语言，宣传好、讲解好医疗、教育、住房、金融等扶贫政策，让贫困户听得懂、说得清，真正感受到党的关爱和温暖。“三日一网”勤交流。认真召开恳谈会，与贫困群众、村两委、驻村工作队等多方进行深入交流恳谈，征集了解扶贫脱贫意见和建议；认真开展“走贫日”活动，镇帮扶责任人逐一深入贫困户家中，落实“一访二看五帮助”活动，讲解扶贫政策，开展了询访、慰问、义务劳动，有序推进扶贫脱贫“三日一网”工作。

## 七、火红实践：美丽乡村富农家，逐梦小康新面貌

2015 年，涉县启动美丽乡村建设，并与创建全域旅游示范县紧密结合，充分挖掘本地独有的自然生态、特色农业和红色文化等，按照“太行山水、漳河画廊”的总体构思，以“山青、水秀、田韵、绿脉、文魂、村美”为设计主题，彰显“山、水、红、古、田、庄、遗”特色，全力实施“一带三区多节点”工程。同时在村里实施一体化垃圾处理、污水管网改造、全面绿化美化，推动葡萄种植、冷水鱼养殖、有机稻

▲ 东山农家乐

米、康养等产业发展……一大批美丽乡村如雨后春笋，集聚发展，群众的腰包更鼓了，尝到的甜头越来越多了。

数据显示，截至2018年，涉县已建成美丽乡村50多个，带动就业4000多人。一种奋斗，不惧惊涛骇浪，勇闯难关，在全面建成小康社会的征途上铿锵前进。一种担当，不畏挑战，满怀壮志豪情，在富强涉县、美丽涉县、幸福涉县的进程中笃定前行。这是42万涉县儿女的心声！它浓缩着女娲补天、改造自然的勇气，凝聚着抵抗强虏、浴血奋战的抗日斗志，穿越时空，历久弥新。步入新时代，英雄的涉县儿女在习近平新时代中国特色社会主义思想引领下，初心未改，矢志不渝，强党建、防风险、调结构、抓项目、兴旅游、促振兴、扶真贫、惠民生，在奋进中书写出激荡人心的壮丽篇章。

石房石街、石磨石碾、石桌石凳，依山而建的层层梯田等。在井店镇王金庄村，走在清晨的曲窄小巷中：石道上光可鉴影，石墙老旧沧桑，石门内驴鸣犬吠，石烟洞炊烟袅袅，让人瞬时穿越时空，回归朴拙。

看准村子的独特优势，2015年，在外打工受伤的王虎林回到王金庄，投资兴业，开办了村里第一家电商，把目光投向了当地土生土长的梯田小米。短短三年，他的电

商越做越大，仅 2017 年销售小米 5 万斤，收入近 10 万元，还和 20 多户村民签订了小米收购协议，有效带动村民增收致富。王虎林说，“村子建得美，游客来得多，小米生意肯定好啊。”“这几年，我们加大力度建设美丽乡村，为旅游增色不少。”一旁的井店镇宣传委员刘交梅接过话茬儿。2016 年以来，王金庄从村容村貌入手，在保护石头文化的基础上，建坝拦水，沿街民房统一规划，垃圾清理统一回收，就地取材用石头铺建了多个文化广场。借着村子的美丽变化，大量游客纷至沓来，给王金庄带来致富的希望，村民的生活越过越红火。与王金庄同属一道沟的刘家村，同样是美丽乡村建设的典范。该村沿山谷建设了多个小型水坝，蓄水成湖，开发了水上乐园，旅游发展如火如荼。

## 八、绘就蓝图：诗画涉县谱新篇，全力铸就新辉煌

刚刚过去的 2018 年，是贯彻落实党的十九大精神的开局之年，也是涉县攀悬崖、跃峭壁，披荆斩棘、拼搏进取、铿锵崛起的一年。县委团结带领 42 万英雄的涉县人民，坚持以党的十九大精神和习近平新时代中国特色社会主义思想为指引，在克服困难中前进，在解决矛盾中发展，在与时俱进中创新，紧紧围绕“345673”宏伟蓝图，

▲ 青塔湖度假村

▲ 茅草屋风情园

着力推进“六个三”战略布局，坚决抓好“3492”重大工作任务，精准落实“3691”发展架构，打出一套强党建、抓项目、兴旅游、改旧城、建新城、促振兴、转作风、抓扶贫、惠民生的组合拳，干成了以前想都不敢想、想干干不成的事情，朝着全面建成小康社会又迈进了一大步，开创了新时代全面建设富强涉县、美丽涉县、幸福涉县的新篇章。广大干部群众跟党更紧了，人心更齐了，发展更快了，山河巨变了，干部都累了，群众笑得更开心了。涉县成为邯郸的标杆和旗帜，“四好农村路”、造林绿化、全域旅游、城乡协调发展、“九个清”作风建设、教育供给侧改革等 6 项工作在全国创造了经验，几十项工作在河北领先，被授予“全国中小城市投资潜力百强县”“中国最美生态文化旅游名县”“中国生态魅力县”“‘四好农村路’全国示范县”等全国性荣誉 20 多项。先后在全国“四好农村路”管理现场会、全省全域旅游创建工作现场会等 10 多次省市重要会议上作典型发言。在涉县举办的国家和省市级现场会、重大活动共有 60 多次。“涉县震撼、涉县奇迹、涉县速度”成为热词，“涉县精神、涉县作风、涉县旗帜”成为网红。这些成绩的取得是市委、市政府和县

委、县政府坚强领导的结果，是全县干部群众顽强拼搏的结果，也凝结着县政协和广大政协委员的心血汗水和智慧。

2019 年是新中国成立 70 周年和人民政协成立 70 周年，是开启改革开放新征程、深化机构改革后的第一年，是高质量发展的关键之年，也是巩固脱贫成果、决战决胜全面建成小康社会的攻坚之年，做好 2019 年的工作，影响重大、意义深远。在前不久召开的县委十三届六次全会上，确定了实现“一个目标”，突出“两件大事”，打胜“三大攻坚战”，聚焦“十一个新突破”，锻造“九个真落实”的工作任务。这是扛起新时代高质量发展的涉县担当的重要举措，更是为全面建成小康社会打下决定性基础的重要抓手。完成这些目标任务，需要包括县政协和广大政协委员在内的全县上下共同奋斗、持续拼搏。希望县政协和广大政协委员要结合落实党的十九大精神和中央省市系列全会精神，以强烈的责任感和使命感履职尽责、担当实干、不负重托，推动县委十三届六次全会精神落地生根、开花结果，为建设“生态肺城，诗画涉县”，铸就新辉煌。

未来，涉县要走的路还很远。如何夯实筑牢高质量发展根基？涉县提出打胜六大翻身仗：一要强企壮身，打胜工业转型、换道超车翻身仗；二要激活主体，打胜民营经济发展翻身仗；三要招大引强，打胜招商引资和项目建设翻身仗；四要增收富民，打胜乡村振兴翻身仗；五要开源挖潜，打胜财税增收翻身仗；六要升级进位，打胜园区增长极快速成长翻身仗。为拉开发展框架，涉县提出，“提升现有城区，兴建西部新城区、东部新区”。其构想是，东部新区以商贸物流为主，西部新城区以康养、旅游业为主，现有城区以文化教育产业为主，各有侧重，齐头并进。

冬日暖阳下，涉县大地“铁在烧”，重现激情燃烧的岁月。“太行底蕴、中调欧情、生态肺城、诗画涉县”正由蓝图变为现实。

# 第五章 全域旅游提速生态修复 避霾润肺变身绿色海洋

## 一、全域旅游正当时，诗画涉县谱新篇

涉县是河北省邯郸市唯一的全山区县，过去，涉县依托境内几家“国”字头企业，钢铁、电力、建材、煤化工成为涉县的主导产业，然而经济发展的同时却也给涉县的生态环境方面带来了巨大的压力。党的十八大以来，在习近平总书记生态文明理念指引下，我国将环境保护摆在更为重要的战略位置，要求进一步加大生态环境治理和国土绿化建设力度。一段时间以来，涉县面临传统支柱产业衰退、转型升级、脱贫致富、乡村振兴以及灾后重建等多重压力。面对新时代新要求，在涉县县委、县政府的坚强领导下，涉县抓住了全域旅游带动全县发展的牛鼻子，牢固树立“绿水青山就是金山银山”的发展理念，多措并举，综合施策，全力打好大气、水、土壤等污染防治攻坚战，全面推进生态保护修复，统筹山水林田湖系统治理，让涉县的山更青、地更绿、水更秀。涉县借助全域旅游的东风，实现了全县经济的转型升级，生态环境的优化改善，全面擦亮了“生态肺城、诗画涉县”的金字招牌。

### （一）生态优先绿色发展，顺应生态文明新要求

随着生态文明建设的大力推进，“绿水青山就是金山银山”的理念日益深入人心。“十三五”期间，党中央、国务院对环境保护更加重视，把环境保护作为贯彻落实科学发展观、实现经济社会可持续发展的重大战略问题，生态文明顶层设计和制度体系建设加快推进，生态环境质量持续改善。同时，广大群众的环境意识及对环境质量的要求也越来越高，公众参与意识进一步增强，人民群众更加关注和积极参与环境保护。

而生态文明建设是一项长期而艰巨的任务。为顺应国家生态文明发展的新要求以及广大群众对享有良好环境的新期待，近年来，涉县更加重视环境保护工作，保护环境成为转变经济发展方式、优化经济发展结构的重要手段。全县坚持以科学发展观为指导，走生态立县之路，创新区域经济发展模式，搭建绿色发展平台，走科技含量高、经济效益好、环境污染少的新型经济发展的道路，努力实现经济的“绿色增长”。

经过多年的努力，涉县相继荣获全国文明县城、国家园林县城、全国文化先进

▲ 红河谷佰泉渔村

▲ 后何民宿

县、全国双拥模范县"六连冠"。除此之外，"国家级风景名胜区""全国休闲农业与乡村旅游示范区""国家级生态示范区""国家园林县城""中国最佳人文宜居城市"以及"全国休闲农业与乡村旅游示范县""全国新型城镇化质量百强县""全国四好农村路示范县""全国投资潜力百强县"等 30 多项国家级荣誉称号，都集中在太行深处的河北邯郸涉县。2016 年 2 月涉县还被列为"国家首批全域旅游示范区创建单位"。2017 年 6 月，首届邯郸市旅发大会在涉县隆重召开，旖旎的风光，醉人的景色，赢得各界喝彩。

特别是被列为"国家首批全域旅游示范区创建单位"以来，涉县更加坚定不移地把发展旅游作为加快转型、绿色发展、跨越提升的重要抓手和驱动引擎，以全域旅游诠释"绿水青山就是金山银山"，举全县之力、汇全民之智深入实施"旅游兴县"战略，高站位规划、高标准推进、高水平建设，旅游业呈现出"井喷式"的发展势头。

▲ 干部集中封闭培训

▲ 旅发大会推进会

全域旅游的创建为建设宜居、宜业、宜游绿美涉县贡献力量，加快推进了涉县经济社会发展的“绿色转型”。真正树立了在发展中保护、在保护中发展的理念，使涉县走上绿色发展、循环发展、低碳发展的道路。

### （二）攻坚克难灾后重建，培育经济转型新引擎

涉县位于太行山东麓，河北省南部，是全山区县。在涉县百姓间流传着这样几句话“荒山秃岭和尚头，雨季洪水满地流。旱涝风暴年年见，十年九灾百姓愁。”过去，依托境内几家“国”字头企业，钢铁、电力、建材、煤化工主导着涉县的经济发展。但因长期的乱砍滥伐，工业污染，涉县生态失衡、环境恶化、灾害频发。特别是2016年7月19日，涉县遭受罕见的特大洪涝灾害，全县17个乡镇的267个村不同程度受灾，西达镇、合漳乡、关防乡、井店镇、更乐镇、木井乡等乡镇受灾严重，境内交通干线被冲毁，县乡道路几乎瘫痪，多数村庄断路、断电、断网、断讯，处于“孤岛”状态，直接经济损失达56.4亿元。

面对灾后重建等多重压力，涉县将“生态立县”放在民生改善之首，把全域旅游作为换道超车、转型发展、绿色发展、跨越提升的重要抓手和突破口，把旅游发展作为涉县整个经济社会发展的总统领。紧要关头，涉县组织全县300多名干部，集中封闭学习全域旅游如何抓，如何发挥每个岗位的重要作用，如何做好全域旅游的规划，如何来做全域旅游的推进工作，打通了乡村振兴的动脉，掀起了项目建设的高潮。真正将灾后重建与全域旅游示范县建设结合，与园区建设、重点项目和招商引资等工作结合，与建设森林城市、美丽乡村、发展绿色产业相结合。

涉县大力实施“旅游兴县”战略，全县各级大小会议逢会必提全域旅游，全县县委2次全委会专题研究全域旅游工作，多次专门召开各部门一把手参会的国家全域旅游示范区创建工作动员会、推进会，举行了4次全域旅游封闭培训，先后召开了6次面向全县人民的电视直播、微信直播会议，全面动员和组织全县人民搞旅游、促发展，特别是坚持遵循客观规律，因地精准施策，坚持不做盆景做全景，不做庸品做精品，不做昙花做持久，不做过客做常客，不做热闹做门道，不做门票做产业，强力推动各类旅游重点项目建设，高效提升景区、景点改造升级。

事实证明，通过全域旅游的发展，涉县成为邯郸的旗帜。市委、市政府称赞涉县是邯郸经济社会发展的旗帜，是邯郸干部群众心中的一面旗帜；省里的领导肯定涉县是领跑河北；国家部委的领导称赞涉县很多工作在中国是先进的，涉县成为邯郸旗帜、河北领跑、全国先进。这些成绩的取得，经济社会的发展，完全就是全域旅游的拉动，成功走出了一条具有涉县特色的旅游管理路子，成功打造了全域旅游河北版的“涉县模式”。

▲ 治理后的露天矿山

### （三）创新机制综合治理，开辟生态保护新路径

面对生态修复和环境治理的难题，涉县创新机制综合治理，坚持“宁留空白、不留遗憾”，加强清漳河流域、重要沟谷、名胜古迹、革命旧址、古树名木等旅游资源监管与保护，进一步规范开发行为。制定了《涉县生态环境保护责任清单》，加强生态环境等旅游资源安全管理。实施生态制度改革，抓好编制自然资源资产负债表工作，建立绿色发展绩效考评机制，对领导干部实行自然资源资产离任审计，建立生态环境损害责任终身追究制。

一方面，涉县积极落实生态红线制度，强化生态功能区保护，探索建立生态环境保护长效机制。实施全域国土绿化和生态修复。持续开展“绿美涉县”攻坚行动，推进城区绿化、村庄绿化、道路绿化、荒山绿化等重点工程，每年绿化面积达到 12 万亩以上。继续推行封山育林、封山禁牧、护林防火等工作。建设国家级森林公园。推进露天矿山环境综合治理，治理水土流失，加强环境脆弱地区生态恢复。推动境内清漳河湿地修复，建设清漳河国家级湿地公园。

另一方面，涉县建设常态化的生态建设机制，严格项目准入机制，加速淘汰落后产能，坚决不上高污染、高耗能、高排放、低效益项目。严守耕地保护红线，实行最严格的耕地保护制度和最严格的集约节约用地制度。加强水资源管理，严格地下水开采监管制度，统筹好生产、生活、生态用水。提升城镇生活污水处理能力，探索农村污水处理模式。强力推进环境污染综合整治。持续加强大气污染防治，加大钢铁、水泥等重点行业大气污染治理和节能改造，淘汰黄标车，加强机动车尾气监测与治理，治理建筑扬尘、道路扬尘和餐饮业油烟污染，拆锅炉、拔烟囱，推行集中供热供气。严格环境执法监管，实施能耗、排放总量控制。深化企业排污治理，推进“智慧环保”建设。调整能源结构，加快燃煤替代，推广太阳能、风能、生物质能等清洁能源，实施“煤改气”行动，提高天然气、煤层气使用比例。实施水污染防治工程，严格水源地保护，开展清漳河流域污染综合整治，推进污水处理设施建设。落实京津冀大气污染联防联治机制。治理农村面源污染，防治土壤污染，推进农村生产生活污水处理。加大秸秆综合利用扶持力度。加强固体废弃物监管与处置，提高循环利用和无害化处置率。同时，实施全民节能行动计划。提高节能、节水、节地、节材、节矿标

准，树立绿色低碳生活新理念。强化节能减排统计监测和目标责任考核。健全节能减排市场化机制。逐年加大节能减排专项资金投入，全力推进节能减排工作有序开展。一系列体制机制的创新，开辟了涉县生态环境保护与整治的全新路径。

## 二、标本兼治：打赢水土保修攻坚战

2016 年 7 月，涉县遭受特大洪涝灾害，河道沙砾堆积，河床抬高，淤积严重。治理清漳河，构筑防洪安全屏障，改善生态环境，成了当地政府的重要任务。涉县通过科学制定清漳河综合治理规划蓝图，按照“安澜、洁净、亮丽”的标准，走旅游发展导向型的河道治理之路，努力打造清漳河水面景观，建设绿色生态河流廊道，统筹上下游、左右岸、干支流的地形地貌，把水利工程与生态景观、旅游发展结合起来，综合治水，打造百里画廊。同时，以农田水利建设为依托，建设 100 多座兼顾防洪、灌溉、涵养水源及景观效果的塘坝水体。涉县还重点开展全县农村生活污水整治工作，对现有纳污坑塘进行大力整治，全面改善水环境质量；对重点区域土壤污染进行修复，改善土壤环境质量，认真打好水土保修攻坚战。

### （一）疏护结合变废为宝，百里清障变身百里画廊

清漳河自古是涉县的“母亲河”，是涉县境内最大的河流，流经县域长达 61 公里。诗人阮章竞曾用“漳河水，九十九道弯，层层树，重重山，层层绿树，重重雾，重重高山云断路”来赞美清漳河的旖旎风光。但据历史记载，清漳河数次发洪水，曾给沿岸百姓造成过巨大损失。特别是在 2016 年 7 月，涉县又一次遭受特大洪涝灾害，

▲ 生态梯田

▲ 湿地公园

▲ 漳河韵动

河道沙砾堆积，河床抬高，淤积严重，防洪能力降低，成为防洪重大隐患。

治理清漳河，构筑防洪安全屏障，改善生态环境，成了当地政府的重要任务。而河道治理需要上亿元资金，面对灾后重建的重任，涉县创新工作机制，提出了“疏护结合，变废为宝”的工作思路，政府对河道沙砾资源公开竞价拍卖，河道竞拍后，每段河道的挖深、宽度、护坝等标准统一由政府制定，并对竞拍者实施监管。中标方严格按照要求进行河道沙砾开采施工。不但不用政府投资便可疏浚河道，而且可以从中获益，有效弥补灾后重建资金，让“乱沙石”变成“金元宝”。同时，众筹社会力量，化解资金难题，对清漳河进行大规模综合治理。系统治理河段长达 13.5 公里，通过疏浚河道和新建、加固护坝等措施，将清漳河的防洪标准由 5 年一遇增加到 20 年一遇以上，行洪流量由 500 多立方米 / 秒增大到 3000 多立方米 / 秒，保障沿河地区人民生命财产安全和经济社会发展，改善周边生态环境和自然条件，惠及全县 68 个村 11 万名群众。

伴随全域旅游示范区建设，清漳河治理成效显著，沿河西行，一道道挡水坝将河水抬起，形成台阶似的静态湖泊，湿地公园、清漳水韵等景点沿线排开，并将娲皇宫、八路军一二九师纪念馆、五指山等著名景区“连接成线”，成为涉县全域旅游的重要纽带。

### （二）防洪灌溉涵养水源，百座塘坝打造黄金水体

涉县以农田水利建设规划为前提，以建设塘坝蓄水工程为重点，以“以奖代补”政府资金为引导，谋划实施“百千万”项目工程。其中，“百”即建设一百个以上塘坝水体，实现“百颗明珠耀太行”。在千里乡村旅游通道沿线和水源条件较好的乡镇、村，建设 100 多座兼顾防洪、灌溉、涵养水源及景观效果的塘坝水体，年蓄水量可增加 1000 万方以上，改善灌溉面积 2 万多亩，增加水景观 3000 亩以上。不仅改善了生态环境，而且提高了水资源的利用效率。

同时，涉县对现有纳污坑塘进行大力整治，全面改善水环境质量；开展土壤污染详查，抓好土壤污染治理和修复技术应用试点，对重点区域土壤污染进行修复，改善土壤环境质量，认真打好水土保修攻坚战。

### （三）因地制宜发挥优势，千亩荒滩变身湿地公园

寨上村位于涉县县城东南 2 公里，背靠韩王山，南邻清漳河，村东清漳河岸边近千亩河滩原是庄稼地，后因清漳河地下水抬升，长满了芦苇荒草。2016 年，寨上村被确定为省级美丽乡村重点村，村里决定因地制宜，发挥优势，对千亩荒滩全部收储、统一整理，打造集观光、休闲、度假于一体的湿地景观。

湿地公园以漫游道和湿地环线为轮廓，分东区和西区，与周边的“绿建方洲”“火车漫游”“寨上崖居”“东山览胜”等景观节点串联成片。同时，修建园路 760 米，两侧环线围绕湿地景观区，全长 1.5 公里，中间部分进行硬化，两侧路肩用鹅卵石铺设，突出乡土特色。

如今，千亩荒滩已经被成功打造为兼具涵养水源和生态保护功能的涉县清漳河国家湿地公园，使涉县真正成为生态肺城。湿地公园南北跨度较大，是一个山区河流型

湿地公园，分为三段。公园上游段位于县城附近，该区规划有科普宣教区、合理利用区、管理服务区和恢复重建区，主要以娲皇宫国家5A级景区和八路军一二九师纪念馆红色旅游为依托，突出太行山区清漳河流域地域文化及红色旅游文化，以爱国教育、山水观光为核心功能和先导，着力打造国家级名片，改造县城周边自然生态环境，充分发挥水资源优势，提升城市生活品位，倡导滨水游乐，融合红色文化和生态农业旅游，为游客提供多元化的服务，促进人与自然和谐发展。

公园中游段距县城5公里，以玉泉湖及清泉寺、静音寺等历史文化遗迹为依托，将美丽乡村建设与国家湿地公园建设相结合。河床内生物资源丰富，有芦苇、香蒲、水芹、西洋菜等为优势品种的栽种的湿地植物群落，有国家Ⅰ级重点保护鸟类黑鹳（黑鹳在东亚种群中世界上仅有700～1000只，在规划区内一次就发现60多只），国家Ⅱ级重点保护鸟类有小天鹅、鸳鸯等，据统计，有170多种鸟类在此生息繁衍，打造了鸟语花香的自然生态环境；公园下游段，主要规划为保育区，以河床为主，南至合漳村（即清漳河与浊漳河交汇处），主要以保护清漳河河流湿地生态系统和生物资源为主，为野生动物提供良好栖息地，为下游居民提供优质水源。

### （四）污水处理成效显著，以水兴产共建美丽乡村

随着经济社会快速发展，水安全、水污染、水环境、水生态等问题叠加呈现。而涉县在河湖及生活污水治理上，成效显著。通过制定了《河湖清理行动方案》，坚持新老水问题统筹，针对全县河湖存在的乱倒乱排、乱采乱挖、乱围乱堵、乱占乱建“四乱”问题，开展了清除垃圾、清理违障、清洁水质“三清”行动，涉县境内水环境得到明显的改善。同时，加大水污染防治力度，对清漳河、东枯河生活污水入河排放问题进行摸排，及时采取措施进行封堵整治，降低排入河湖污染负荷。河湖清理攻坚行动开展以来，共清理河道130余公里，清理垃圾、沙石等24万余方。

长缨在手，江山向美。通过落实河长制，涉县实现县、乡、村三级河长体系的全覆盖，县委、县政府主要负责同志担任县级总河长，其他县委、县政府领导分别担任7条县级河流的河长，全县落实县级河长7名，乡级河长17名，村级河长252名。涉县清漳河等河湖实现了从“没人管”到“有人管”，从“管不住”到“管得好”，河湖监管保护不断强化，河湖水质明显提升，全社会关爱河湖、珍惜河湖、保护河湖的

局面基本形成，河畅、水清、岸绿、景美的美丽河湖逐步变为现实。

同时，涉县还重点开展全县农村生活污水整治工作，重点包括饮用水水源保护区范围内和主要风景名胜区周边村庄。对县域内地表水、集中式饮用水质情况进行监测，及时掌握水质变化情况。继续开展农村纳污坑塘的排查整治工作，确保不新增一处纳污坑塘，不遗余力地建设美丽乡村。

涉县县委、县政府突出生态立城，把河道综合整治作为水生态文明建设的着力点和重要抓手，全力开展河道综合治理。按照“一河一策”的总要求，致力于水利工程建设与水文化建设相结合的新路子，充分挖掘红色文化、女娲文化、花椒文化、后池新愚公精神等内涵，将河道综合整治与水利工程、传统文化、乡村旅游等多元融合，通过疏浚、建设临时挡水坝、塘坝等工程措施，对清漳河、关防河、井店刘家、更乐后何等河道进行综合整治。关防乡梯峡九沟碧塔溪映、鹭飞苍崖、金滩日沐等一个个景观节点与湖光水色交相辉映；井店镇刘家塘坝的碧波中，小船在悠悠地漂荡；更乐后何村，潺潺溪流穿村而过……“以水美村”的乡村风貌打造出来了，

▲ 王金庄梯田

依山傍水的乡镇借助建设生态水利的优势，看到了发展的新契机——如火如荼地打造山水游、民宿游、采摘游、现代农业观光游，走出了一条“以水兴产、助农增收”新路子。

## 三、全民共治：推进“绿美涉县”攻坚战

为着力推进全域绿化，加快“富强涉县、美丽涉县、幸福涉县”建设步伐，深入贯彻习近平总书记关于加强生态文明建设的重要思想，践行“绿水青山就是金山银山”发展理念，涉县积极推进造林绿化工程，坚持多部门共建、全社会联动，统筹协调，持续攻坚，全面推进美丽涉县建设步伐，努力实现天蓝水净、地绿山青、五彩缤纷、万紫千红的森林生态建设效果，全力打造千里太行第一绿。经过多年的努力，涉县在矿山治理、山林以及城镇绿化方面成效显著。同时，涉县创新总结“667”造林法，创造人均造林新突破，打造多彩梯田，保护和发展农业文化遗产，再现农耕文明。实现了山林田路综合治理，全民共建绿美涉县。

### （一）“八维一体”治理矿山，荒芜山地变身生态绿洲

邯郸市涉县西戌镇的符山铁矿曾经是涉县最大的铁矿区，经过45年的开采，终因资源枯竭于2015年5月份关闭，留下满目疮痍的山峦和堆积如山的尾矿垃圾。尾矿对环境的危害非常严重，矿中的重金属会对地表土壤、周边环境造成污染。尾砂干涸后极易产生扬尘，遇到大风天更有可能产生尾矿沙尘暴。风化后的尾矿会产生有害气体或者有毒液体，严重污染地表水系和地下水系。

为了变废为宝，妥善解决符山尾矿造成的环境危害，在涉县政府的支持下，涉县首创了“八维一体”矿山治理模式，即“将8个项目打造成为一个循环经济产业园”。8个项目是将尾砂和废石，通过震动、圆锥破碎和多次筛选，将不同粒径的物料进行分类，最终分别加工成为预拌混凝土粗、细骨料，干混砂浆、稳定土、沥青混凝土、微晶板材、微晶发泡高档保温材料和城市海绵砖等8种产品。另外，矿区的废弃矿井、巷道则会依地就势，改建为汽车冒险乐园和绿色庄园式健康养老基地。不仅可以将尾矿“吃干榨净”变废为宝，还可以全面改善矿山生态环境。

涉县积极打造圣福天路沿线矿山修复示范点。目前，昔日的废弃矿山呈现出乔灌花草结合、错落有致的绿化景观。太行山绿化矿山修复“绿景”示范点位于圣福天路“林海云天”项目区，是圣福天路两侧荒山绿化重要组成部分，是太行山绿化矿山修复的典范工程。“林海云天”项目区集中分布于符山矿旧址附近，主节点位于符山海拔 1100 米处，是废弃矿山修复治理的集中区域。涉县对区域内的 5000 余亩宜林荒山进行高标准绿化，采用 1.8 米以上的油松、侧柏，混交观叶的黄栌、石楠，观花的连翘、山桃、山杏、天鹅绒紫薇、刺槐等树种，打造以绿为底的生态景观林。对尾矿库不稳定区域，采取边坡喷浆固化措施，喷射混凝土浆护面，并在坡面上打孔，留出排水孔，避免了可能堵截地下水而影响坡体的稳定性，有效地预防了山体滑坡和泥石流，同时选择部分灌木、乔木进行绿化，以达到生态植被恢复的效果。对所有适宜植物生长的部位，包括尾矿库，播撒格桑花和百日草等多年生花草，通过花草根系错综交错来固定水土，在保持水土的同时，呈现乔灌花草结合，错落有致的绿化景观。

同时，为尽快改变山区面貌，涉县立足县情，准确研判国家产业政策，开始造林绿化的持久攻坚。先后争取了国家粮援项目（“3737”项目）、太行山绿化项目和退耕还林工程等多项国家林业重大工程项目，特别是 2017 年，涉县借全域旅游发展之机，拓展道路绿化、村庄绿化、凤凰山绿化、景区田园绿化等绿化工程，完成造林绿化 18.1 万亩，造林投资 6 亿元，人均造林投入 1500 元以上，在凤凰山绿化工程的示范带动下，五指山、将军岭、娲皇宫等地均高标准完成了绿化。

在推进绿美涉县攻坚战的过程中，涉县坚持理念创新，按照“全时、全域、全民”三全绿化理念，大打绿美涉县攻坚战。全时绿化，即春夏秋冬一年四季都有造林任务，全域绿化，多树种相互支撑，山、水、路、田等空闲地全部绿化，形成山顶松柏戴帽、山间果树缠腰、山脚林果间作的立体式绿化格局。全民绿化，即每年开展轰轰烈烈的义务植树活动，人均植树 2 株以上，义务植树尽责率高达 95%。

面对资金上的难题，涉县整合林业生态、农综开发等项目资金，全部投入大造林、大绿化，坚持政府引导社会参与的模式，财政资金“四两拨千斤”，带动社会力量造林绿化。同时，大力推进造林管理模式创新，引入造林公司专业化，按照苗木成活株数验收，保证林木后期管护，实现一次造林，一次成林。“远看像长城，近看是

▲ 大山深处有人家

树坑，立下愚公志，绿树笑春风。”涉县通过全民的努力，使得荒芜山地真正变身生态绿洲。

### （二）创新总结“667”造林，高标打造七彩旅游通道

涉县地处太行深山区，行路难、修路难一直是影响制约群众生产生活的难题。道路急需修补或重建、“7·19”特大洪灾、2017 年 6 月第一届邯郸市旅发大会成功举办等因素，催生了千里乡村旅游通道的建成，在“大干一百天，建设千里乡村旅游通道”的号召下，北起涉县最西北的偏城镇圪腊铺村，南到最东南的合漳乡田家嘴村，全长 660 公里，途经偏城镇、鹿头乡、西戌镇、偏店乡、关防乡……10 个乡镇的涉县千里乡村旅游通道成功建成。这条路将太行红叶大峡谷、太行梯田大峡谷、团结湖小三峡和洞天福地等景区连接了起来，在涉县东部、东南部、北部、西北部建起了旅游通道大动脉。

在道路建设中，涉县创新指导思想，对生态保护、沿线景点打造、旅游业态培育等均做了通盘考虑，并坚持了“七项原则”：宁可路绕一丈，绝不毁树一棵；随坡就势、减少垫方；宁可多垒堰，也要不劈山；山水林田路综合治理；车在林中行、人在花中游；宜宽则宽、宜窄则窄，个别路段曲径通幽；以群众为基础，村为主体、乡为主导、县为支持。

而这条旅游通路最大的特色之一，便是沿线的绿化造林工程。涉县创新总结出“667”造林法，不仅建设了七彩路，而且沿路进行了高水平景观化建设，多彩化造林、多元素植入、多节点打造，路即是景，路景交融，引人入胜。山区植树不同于平原，尤其是石质山区被称为“难啃的硬骨头”。长期以来，涉县绿化树种单一，景观效果差，苗小，成林慢，造林效果差。近年来，不服输的涉县人，积极探索机制、模式、投资创新，科学应对各类难题。

“667”造林法，“6”即市场化运作、多元化投入、工程化实施、责任化推进、精致化栽管和彩色化效果“六化造林”，“6”即刨坑、挡板、客土、栽树、浇水、管理“六步造林”，“7”即中间一株2米高的侧柏，两边各三簇连翘、三株黄栌，常年为绿，春天为黄绿，秋天为红绿，多彩造林，四季有景。

总长1300多里的七彩千里乡村旅游通道，犹如一条巨龙蜿蜒盘旋在高山之巅、深谷之中、悬崖之上，打造出四季皆景、路景交融的魅力涉县。

### （三）“六项工程”综合整治，多彩梯田再现农耕文明

涉县地处太行山东麓，为全山区县，旱作梯田总面积达21万亩，其中最具代表性、最具规模的梯田位于井店镇王金庄区片，梯田面积1.2万亩。1990年，这里的梯田被联合国世界粮食计划署专家称为“世界一大奇迹”“中国第二长城”。2016年7月19日，涉县遭受了历史上罕见的特大暴雨，造成梯田石堰垮塌。为尽快恢复重建，涉县一方面加强梯田环境整治，形成“山顶松柏戴帽、荒山连翘满坡、梯田果粮药间作、观赏花卉路边开”的“多彩梯田”。另一方面，开展农田道路、主干排水渠、抗旱水窖、蓄水塘坝等基础设施建设，逐渐形成“小雨润物、中雨蓄墒、大雨入塘、暴雨进川、水不出山”的良性生态体系。

为保护和传承涉县旱作梯田，涉县成立了由主要领导担任组长的涉县旱作梯田系统保护领导小组。政府统一领导组织、协调旱作梯田农业系统文化遗产的保护、利用和管理，将农业文化遗产保护工作纳入经济社会发展规划、城乡建设规划、财政预算。实施生态水网工程，大力维护天然生态环境，加快推进保护和开发进程；在加快生态旅游建设的同时，努力提升居民生活质量。

同时，涉县政府将加快梯田核心区建设，打造五个节点，实施六项工程。五个景

观节点包括：桃花山梯田群、青阳山梯田群、古台莲花寺景观走廊、后池愚公梯田群、鹿耳寺生态谷。六项工程包括：梯田整治修复工程，对核心区1.5万亩弃耕、坍塌梯田进行复垦与修复；梯田天路工程，在梯田核心区山顶建设循环天路；梯田集雨工程，在梯田核心区建设集雨水窖2000座，建设塘坝500条；梯田生态景观绿化工程，对梯田核心区循环天路及周围荒坡进行绿化；古村落保护工程，对核心区12个传统古村落进行保护性修复；梯田特色农产品开发工程，开发梯田特色农产品，如中药材、花椒、小米、南瓜、黑枣等。

正如涉县县委书记汪涛所说的，涉县定能探索出一条贫瘠山区农民增收、农业可持续发展和遗产保护相结合的道路，再现北方山区旱作农耕文明史。

## 四、源头防治：打赢蓝天保卫攻坚战

近年来，随着工业及生活污染的加重，空气污染问题也随之而来。涉县在加强环境监管的同时，实施环境整治，加强重点工业企业污染治理，加大城区、道路等扬尘污染治理。为了全方位治理大气污染，涉县健全节能减排市场化机制，推进节能减排工作有序地开展，号召实施全民节能行动计划，举全县之力打好“蓝天保卫战”。

### （一）加强环境监管，综合整治环境污染

为了构建天蓝水净、地绿山青的京津冀生态支撑区、涵养地和避霾首选地。涉县县委、县政府将空气质量作为最大民生工程、德政工程来抓，主要领导紧紧抓在手上，亲自调度指挥，实施党政同责，严明责任主体，上下联动，加强环境监管，实施减排治污、环境整治，举全县之力打好“蓝天保卫战”，贯彻落实“科学治霾、依法治霾、铁腕治霾”等多项举措。

为全力做好大气污染防治工作，涉县环保分局采取11项措施大打大气污染防治战，这11项措施分别是强化扬尘污染控制、保证道路洁净、深化面源污染治理、持续开展锅炉综合整治、推进散煤污染综合治理、加强重点工业企业污染治理、强化挥发性有机物治理、落实重点行业错峰生产、工业物料堆场治理、加强机动车尾气污染控制、积极应对重污染天气。

加强重点工业企业污染治理，对全县境内的钢铁、焦化、水泥、电力、建材等重点行业、重点企业的污染源和污染节点开展拉网式、全方位排查，按照关、停、并相结合的原则开展集中整治。并严格奖惩，对按期完成整治任务的企业，在专项资金申请上给予政策倾斜；对不能按期完成整治任务或工期滞后的企业，按照有关法律、法规严肃处理。

加大城区扬尘污染治理。针对部分在建工程围挡不规范、警示标志不明显、渣土清理不及时等现象，开展建筑扬尘综合整治，在全县施工现场强制推行文明施工封闭式管理，加大建筑物料分类管理工作，全部实现“六个百分之百”目标。全面加强夜市餐饮摊点食品卫生管理，有效遏制油污污染路面现象发生。

加强道路扬尘治理。严厉打击超限超载货运车辆，加强对运输煤炭、沙土、白灰、渣土等易产生扬尘物料的车辆监管，采取加盖篷布等密闭措施，防治抛洒扬尘污染；对公路沿线的经营煤炭、沙石等货场进行取缔；加强公路养护整修，确保道路平整，防止颠簸散落扬尘污染。

通过加强环境监管以及一系列综合整治措施，2018 年，涉县综合指数 6.60，全市排名第 1，同比下降 2.8%，改善率全市排名第 17；PM2.5 平均浓度 58 微克 / 立方米，全市排名第 1，同比下降 1.69%，改善率全市排名第 17，全年优良天数为 182 天。

### （二）健全市场机制，有序开展节能减排

为了全方位治理大气污染，涉县健全节能减排市场化机制，逐年加大节能减排专项资金投入，全力推进节能减排工作有序开展。实施全民节能行动计划。提高节能、节水、节地、节材、节矿标准，树立绿色低碳生活新理念。强化节能减排统计监测和目标责任考核。

加强大气污染防治，加大钢铁、水泥等重点行业大气污染治理和节能改造，淘汰黄标车，加强机动车尾气监测与治理，治理建筑扬尘、道路扬尘和餐饮业油烟污染，拆锅炉、拔烟囱，推行集中供热供气。严格环境执法监管，实施能耗、排放总量控制。深化企业排污治理，推进“智慧环保”建设。调整能源结构，加快燃煤替代，推广太阳能、风能、生物质能等清洁能源，实施“煤改气”行动，提高天然气、煤层气使用比例，积极落实京津冀大气污染联防联治机制。

涉县将继续巩固和扩大生态优势，牢固树立绿水青山就是金山银山的理念，以改善环境质量为中心、以污染减排为主线，严守生态红线，推进生态文明建设，促进绿色低碳发展，实现环境质量持续改善，构建天蓝水净、地绿山青的京津冀生态支撑区、涵养地和避霾首选地。

## 五、城乡联治：助力乡村振兴新模式

乡村振兴是一项全面而系统的工程，乡村生态振兴，则是实现乡村振兴的前提和基础。通过全域旅游的带动，实现农业农村绿色发展，打造山清水秀的田园风光，建设生态宜居的人居环境，无疑是助力乡村振兴的全新模式。如今，涉县靠着优良的生态环境，宜居的乡村风貌，使“涉县蓝、涉县绿、涉县润、涉县美”成为涉县最靓丽的生态名片，旅游创收显著提高。而且在造林绿化中，涉县把产业富民、精准扶贫相结合，使绿色成了农户增收的富民产业。对于涉县而言，旅游产业正成为县域经济新的增长极，是拉动经济增长的重要动力。涉县通过生态振兴，通过发展全域旅游，正在乡村振兴的道路上阔步前进。

### （一）生态优良，旅游收益显著

涉县通过多措并举，综合施策，全力打好大气、水、土壤等污染防治攻坚战，全面推进生态保护修复，统筹山水林田湖系统治理如今，“涉县蓝、涉县绿、涉县润、涉

▲ 王金庄村月亮湾

▲ 韩王山

县美”已经成为涉县最亮丽的生态名片。涉县正朝着“绿的世界、花的海洋、水的源泉、云的故乡、旅游的胜地、生活的天堂”阔步迈进。

绿色成了涉县耀眼的底色。经过多年的造林绿化，涉县道道山梁披上了绿装，黑鹳、大鸨等国家一级野生保护动物聚集繁衍。涉县 AQI 指数河北最高，是北京以南河北境内生态最佳的地方。相继获得“全国绿化模范县”“全国造林绿化百佳县”“全国造林绿化先进集体”“中国生态魅力县”等荣誉称号。绿色成了涉县旅游的品牌。春，繁花似锦，夏，绿茵蔽日，秋，瓜果飘香，冬，雪映蓝天，靠着优良的生态环境，2018 中国新型旅游产业发展大会上，涉县荣获“中国健康养生休闲度假旅游最佳目的地”和“中国最具特色乡村体验旅游名县”两项荣誉；在 2018 第十四届文博会上涉县上榜“2018 中国最美县城榜单”。2018 年，涉县接待游客达到 1600 万人次，实现旅游综合收入 104.6 亿元，旅游综合收入相当于全县 GDP 的 18%，旅游业已经成长为涉县的战略性支柱产业。在创建全域旅游示范区的三年里，其中游客接待人次增长为 2015 年的 3 倍，年均增长 44%，旅游综合收入增长为 2015 年的近 3.8 倍，年均增长 56.8%。涉县已经成长为邯郸市乃至全省的知名旅游经济大县。

### （二）富民产业，群众增收致富

绿色成了农户增收的富民产业。涉县按照“增黄添红强绿”的原则，建设1000个以上太行山家庭林场，每个100亩以上，既实现了群众钱包鼓，又让涉县成为太行山上最美的、最景观化的地方，实现“千家林场绿太行”。在造林绿化中，涉县把产业富民、精准扶贫相结合，在宜林耕地上栽植核桃、花椒、黑枣等干果，在浅山区栽植连翘、黄栌等木本中药材，为老百姓建起了绿色银行。目前全县核桃产业基地达到43.5万亩，精品示范园2万亩，总产量2.1万吨，位居全省第一。俗话说，“一亩核桃十亩粮”，仅核桃一项人均即可增收2000元以上。

同时，依靠千里乡村旅游通道的建成，涉县群众出行更方便了，也形成了以路促景、以点带面的交通辐射，还带动了沟域经济发展，把核桃、花椒等特产更方便、更快捷地运出去，并可以发展农家乐等旅游产业，更好地实现就地就业、就地创业、就地致富、就地幸福。

### （三）生态振兴，助力乡村振兴

就涉县而言，既要快发展又要促转型，旅游产业，是拉动经济增长的重要动力，而且改善了环境，推动生态文明建设。绿水青山成了金山银山，进而成为最好的扶贫、富民产业。2017年6月5日，首届旅发大会招商推介会暨旅游发展论坛在涉县举行。涉县抓住时机，积极推介，在重点合作项目签约仪式上，涉县各部门与来自各地客商共签约了工业、旅游、农业等产业项目30项，总投资额近400亿元。

同时，“百千万”工程推进乡村旅游快发展。按照“百千万”乡村振兴战略总体要求部署，全县17个乡镇以贫困村、贫困户、贫困人口为工作对象，以增加农户的收入和改善乡村发展环境为目的，新建、改建民宿2000余家，带动就业4000多人，通过政府指引和帮扶，切实改善了乡村生态发展环境，加快脱贫致富奔小康步伐。

旅游产业正成为县域经济新的增长极，宾馆、饭店、农家乐爆满，实现了一日游向多日游转变。老百姓也在全域旅游发展中受益，旅发大会后新增固定工作岗位1.2万个，很多百姓在家门口找到致富路。涉县通过生态振兴，通过发展全域旅游，正在乡村振兴的道路上阔步前进。

# 第六章 全域旅游提速交通发展 公路建设上演速度激情

从目前来看，全县社会经济实现了质的飞跃，更有多项工作成为邯郸的旗帜、河北的领跑、全国的先进。为更好地改善人居环境，在县城建设上，以“太行底蕴、中调欧情、生态肺城、诗画涉县”的总体思路，打造西部新城，推动中部旧城改造，启动东部新区建设，进一步提升城市的承载力。涉县县长邢晟表示：“特别是，涉县高标准承办全省首个县级旅游产业发展大会，120 多平方公里的中国太行红河谷景区横空出世，总投资 110 多亿元的 70 个旅游项目和活动精彩登场，创造了世界第一条多彩马拉松赛道，天下第一水车王等多个‘世界第一’‘全国第一’，规模之大、成效之好，前所未有。”全域旅游的高速发展不仅带动了涉县全县域经济的腾飞、社会的进步、人文的兴盛，更加快了与全域旅游相关的其他方方面面的业态的建设与发展，尤其得到显著发展的就是交通行业。

## 一、攻坚克难：打造亮点，全面规划交通发展

为大力开发涉县旅游资源，促进老区经济可持续发展，县委、县政府对涉县的旅游公路规划工作非常重视，结合全县旅游整体规划实际情况，及时组织旅游、住建、发改、国土、交运等部门对全县的旅游路网规划方案进行了深入研究，取得了

良好成效。

## （一）抓时机快推进，重点项目取得突破

涉县在全国逐步撤销国道以下（含国道）收费站的大环境下，立足实际，着眼长远，努力争跑。太行山高速涉县段工程，在“京津冀一体化”战略带动下，跑市进省，多方争取了在涉县境内的最大距离跨度，促进涉县路网进一步深度融合；地方施工环境做到“零阻工”，土地征收、坟头迁移及通信线杆迁移已全部完成；国道 G234 涉县段工程，作为有史以来交通投入最大、难度大的项目，作为全县关注和交通一号工程项目，经几年努力，经上上下下各级领导的关怀，2017 年 11 月 1 日，工程建设全面启动，施工单位全部进场，它的建设影响深远，对县城规划、减轻环保压力都具有十分重要的意义。

## （二）抓基建惠民生，公路建设再创佳绩

在资金十分紧张的情况下，涉县交运局克服困难，破解难题，继续抓实项目建设，持续惠及民生。2017 年首先借助干线公路迎省检之机，完成省道涉左公路 7.4 公里和省道平涉公路北段（七一桥至偏店南大桥）7.02 公里大中修；其次是农村公路灾后恢复重建圆满收官，顺利通过第三方验收，投资 4.4 亿完成恢复重建 118 条（段）、120.488 公里，桥梁 47 座 2382 延米；农村公路升级改造投资 8.4 亿完成升级改造 18 条 225.569 公里。一座座灾后重建的幸福路、民心桥拔地而起，替代了昔日的断壁残垣，新绿覆盖了裸露的山体，人们的脸上重新绽放出灿烂的微笑。2017 年 4 月，涉县被省交通运输厅、财政厅联合发文，授予涉县“2016 年四好农村公路示范县”的称号，2018 年 1 月在全省推荐全国“四好农村路”示范县评选中位列第一；在邯郸市首届旅发大会期间，先后完成知青文化园、娲皇宫至五指山、茨村至连泉段、东山景区汉寨旅游线、上偏凉至洼岭、鲟鱼厂小旅游环线、后池桃花山道路、中沟道路（西峧至前岩）、龙西工业区航天材料城场地平整、陶泉至郊口援建等工程。2018 年先是高标准完成“三桥”建设（见表 6-1）；随后历时 78 小时完成了太行红河谷漫游道 2.2 公里的西延工程，再创涉县交通筑路的“新速度”；交运局又先后完成了省道

244 邢合公路剩余工程、前岩至后池漫水桥工程、冀津园区雨污水管道安装等公路建设基础工程。此外，由交运局指导乡镇实施的 6 条农村公路将在 2019 年年底前全部完成续建。涉及公路建设的一项项工作被高标高效完成，最大程度上惠及涉县百姓的日常生活所需，赢得了百姓们的广泛赞扬。

表 6-1 “三桥”建设情况

| 桥段名称 | 时间 | 建设情况 |
| --- | --- | --- |
| 赛上桥 | 2018年4月 | 完工 |
| 娲皇桥 | 2018年8月20日 | 通车 |
| 青塔桥 | 2018年8月31日 | 建成 |

### （三）抓养护保畅洁，道路环境明显改善

在国省县乡公路全面推行公司化养护的前提下，完成了国省干线 152.3 公里、64 座桥梁和县道及重要乡道 180 多公里、29 座桥梁的日常养护、环境整治及小修工程。全县农村公路 17 个乡级路长办公室全部挂牌启动，“路长制”推进有力。按照市交运局的统一部署，在国省干线、农村公路扎实开展了公路环境综合整治，坚持高水平、高标准建设实施，重点在“拆建绿”上下功夫，公路路域环境由过去的“脏乱差”变成现在的“洁畅美”，重点在安保设施上下功夫，强化新增、修复、维护等管理，由过去的“无缺损”变成现在的“全齐安”，其中农村公路台田线新安装交通标牌 64 处、示警桩 3600 根，均受到市级领导的高度好评。同时坚持“生态立路、绿色保障”的原则，全县国省干线、农村公路共栽植各类苗木 43.8 万株。

### （四）抓创建严规范，道路运输健康发展

为全力建成建好“四好农村路”，按照要求，新建响石岭等旅游驿站 12 处，新增偏城、南艾铺等 28 处候车亭、24 处站牌，为群众出行创造了更加舒适的候车出行环境。按照《涉县旧城改造提升实施方案》要求，圆满完成了客运南站、西站、北站 3

个城乡公交客运站点的整体外迁，实现平稳过渡运营。同时，以创建平安交通为目标，在城市及城乡公交、出租车客运市场深入开展了“打非治违”专项整治行动，更新新能源纯电动车辆 60 部、建设充电桩 18 个，更新出租车 33 部，确保了道路运输市场健康有序。

### （五）抓督导强队伍，行政执法文明有序

为进一步加强法制教育，增强法治观念，严格落实“十个严禁”，有效提高执法人员的整体素质，涉县交运局定期或不定期组织执法人员开展法律法规学习、业务培训、军事比武、综合考核，不断提升执法队伍业务能力；注重科技执法，规范执法行为，坚持推行行政执法责任制，2018 年全年实现了“零违纪、零曝光、零投诉”。监管公路巡查率、结案率均达到 100%，超限超载率 0.2%。治超站代表邯郸市高标准迎接了专项整治行动省际互检工作，受到全省好评。同时组织交警、城管、邮政、公安召开会议对打击非法垄断运输工作进行专题研究部署，扎实做好“扫黑除恶”专项行动宣传与摸排，坚决做到“有黑扫黑、无黑除恶、无恶治闹、无闹治乱”。

### （六）抓防治促清新，大气治污常抓不懈

良好的生态环境是推进科学发展的重要保障，大气污染防治既是重大民生问题，也是经济升级的重要抓手；人们常说大气污染防治，一靠“天帮忙”，二靠人努力，一场风吹散阴霾的“天助”固然重要，但防污治污更重要的还在于脚踏实地、坚持不懈地“自助”。必须深刻认识到，大力改善生态环境特别是大气质量是贯彻落实党的十八大精神，建设美丽中国、实现永续发展的重要体现；是解决人民群众反映强烈的突出问题、创造良好生产生活环境的迫切需要，事关涉县发展大局，事关群众切身利益。涉县抓住关键、精准发力、攻坚突破，高标准实施公路环境综合治理，坚决抑制道路扬尘污染，全力打造整洁有序的交通环境。根据《涉县 2018 年大气污染综合治理工作方案》《涉县强化交通运输领域专项实施方案》，涉县交运局主动承担了道路扬尘、汽修喷涂行业污染整治、大宗物料错峰运输、调整交通运输结构、

机动车污染防治、新能源汽车推广、治理公路施工扬尘、综合服务区建设 8 项工作并取得了良好成效。

### （七）抓安全保稳定，和谐局面持续巩固

一直以来，交通安全是涉及保障全民生活质量提高与幸福加倍的头等大事。交通建设要时时刻刻抓安全，始终将安全讲嘴上、记心上、抓手上，不空洞。涉县坚持“安全第一、预防为主、综合治理”的方针，不断强化“人机环管”理念，全面推进安全网格化管理，加强公路安全隐患排查治理、公路安保工程和从业人员安全教育培训，加大对重要时间节点、重点区域部位、重点行业部门的监督检查力度，有效防范了道路交通事故发生。

### （八）抓责任夯举措，招商引资又现成效

交通建设项目融资一直都是涉县重建家园道路上的绊脚石，从招商引资这一方面来讲，涉县运管、公路、通达、路政等单位贡献了无穷大的力量。首先各部门组织专门力量，抽调专职人员，创新思路，硬化方法举措，走出去大招商、招大商，取得阶段性新成效（见表 6-2），其中运管站负责的总投资 1.5 亿元的空气分离及稀有氪氙气体项目已经签约、落地；通达公司负责的总投资 1.6 亿元的涉县天地网道地中药材文化园项目已签约；公路站负责的物联网 + 智能移动度假旅居（胶囊酒店）项目已签约，全局招商引资工作呈现出良好势头。

表 6-2　招商引资项目进行情况

| 项目名称 | 负责部门 | 投资金额 | 进行情况 |
|---|---|---|---|
| 空气分离及稀有氪氙气体项目 | 运管站 | 1.5亿元 | 已签约、落地 |
| 涉县天地网道地中药材文化园项目 | 通达公司 | 1.6亿元 | 已签约 |
| 物联网+智能移动度假旅居（胶囊酒店）项目 | 公路站 | 1.5亿元 | 已签约 |

### （九）抓党风增活力，作风建设明显转变

县委汪涛书记亲自就交通工作明确了“775”指导意见，饱含着殷切希望的同时，为交通建设的全局工作提供了前进的思路和方向。在做好规定动作的前提下，还积极开展自选动作。一是加强党建工作统领，逐级落实主体责任，推进“两个专项”行动深入开展，认真践行监督执纪“四种形态”；二是深入开展了“一问责八清理”“不忘初心、牢记使命”主题教育、“双创双服”“九个清”工作法推进落实、“新时代新担当新作为”等活动，聚焦作风问题，自上而下，立行立改；举办了工程技术和安全生产专题培训班，为交通事业发展提供坚实人才支撑；三是开展了“涉县新时代精神”大讨论活动（含交通精神），干部职工精神更加振奋，作风更加务实。

## 二、高标定位：争创一流，完善道路网络体系

路网结构的完善是片区建设的首要任务。建设美丽乡村是提升农民生活品质、造福全县农民的最大民生工程，长远规划，高标定位，勇于担当，积极响应，努力为省级片区创建工作奠定良好的交通基础才是工作的重心。在规划设计上，主要领导多次走访调研、实地勘探、现场研究，并从工程技术、建设成本、施工难度等方面综合考虑，科学制订设计方案；在质量进度上，严格实行项目招投标、监理旁站指导、时间节点明确、技术层层交底、责任环环夯实，强抓黄金时期，强化调度管控，全面开花施工；在绿美攻坚上，坚持“见缝插绿、应绿尽绿、因地造绿、立体生绿”原则，增加绿量，增强美感，突出特色，一段一景观，一路一乡愁；在安全监管上，严明岗前培训、工序衔接、防护增强，规范施工现场物料堆放使用和机械设备操作，确保施工安全、人身安全。经过几年的努力，如今的涉县形成了“三纵九横十八条支线”的公路框架，构建了横贯东西、纵连南北、四通八达、快进慢出、宜驾宜游的全域旅游大交通网络，形成了以路促景，以点带面的交通辐射体系，还带动了沿线区域经济的发展。

### （一）优化内区域环线，联动外交通机制

县内区域交通方面：涉县位于晋冀豫三大旅游板块的交织辐射点，太行山旅游大

环线中段，随着涉县核心资源整合，旅游目的地服务配套完善，未来将发展成为太行山旅游圈重要节点及枢纽。涉县所在的晋冀豫三省的太行山区域都已经或正在形成热点旅游目的地，形成了包括太原晋中古城大院旅游目的地、长治太行山大峡谷、晋城皇城相府、焦作云台山、安阳殷墟、石家庄西柏坡等景区在内的太行山旅游大环线。通过娲皇宫、八路军一二九师纪念馆和五指山及清泉寺等高品质旅游资源整合提升，旅游服务配套完善，未来涉县将实现由旅游过境地向太行山旅游大环线重要旅游目的地转变。以千里乡村旅游通道为代表的乡村“四好农村路”的贯通，极大地缩短了涉县各个板块、资源点之间的交通时间，强化多元资源产品的组合及互补，助推涉县实现全域旅游发展新格局。

外部交通方面：现有民航、铁路、公路三种交通方式均可到达涉县，已初步形成

▲ 古台秋韵

便捷的交通网络。太行山高速的建成通车，在交通上极大地增强了涉县作为“京津冀协同发展”后花园的通达性。

1. 航空

距离 4C 级邯郸机场约 85.5 公里，约 1.2 小时可达，国内航线达 9 条，较大提高了长三角、珠三角地区以及成渝经济圈等远程游客的可进入性。

2. 铁路

已开通涉县到北京、天津、石家庄、秦皇岛的车次。涉县距离邯郸高铁站约 85.8 公里（1.4 小时可达），京津冀、中原城市圈游客可通过高铁直达，处于“3 小时交通圈”内。

3. 公路

青兰高速横向穿县域中部，国道 G309 以及省道 S213、S202 高等级公路经过县域腹地、随着太行山高速的建成通车，公路交通将全方面优化，形成了全域范围内便捷的公路交通网络，随着太行山高速的建成通车，公路交通将全面优化。

### （二）建设“四好农村路”，造福百姓千万家

2016 年的特大洪灾，这里的道路、房舍大部分被冲毁，满目疮痍，全县受灾村就达到了 158 个。面对灾后重建、脱贫致富、乡村振兴的多重压力，涉县破天荒地做出了建设“四好农村路”的决定，以最短时间、最高标准完成道路桥梁等基础设施建设，用“金钥匙”打开山区群众脱贫致富之门。涉县将灾后重建与全域旅游、扶贫攻坚、美丽乡村紧密结合，从修路入手，努力打通制约山区群众发展关键环节，开启乡村振兴新征程。以群众为基础、村为主体、乡为主导、县为支持，涉县创新修路模式，将路段分包到各个乡镇、村，发动群众施工，交运局负责技术指导。面对资金短缺的难题，涉县一改以往修路靠拨付

▲ 河北省“四好农村路”建设现场会

资金的做法，通过向上争、市场筹、干部助、社会捐、群众投、政府奖，用 4 亿多元的投资，完成了 25 亿元的工程量。用 100 天左右的时间，在高山之巅、深谷之中、悬崖之上，打造出了一条连接三省三县、平均宽 9 米的千里乡村旅游通道。“四好农村路”经过的都是深山区的贫困村，村庄环境优美、民风淳朴、特色鲜明，道路修通之后，快速带动了乡村旅游发展。目前，沿线 150 多个村庄的乡村旅游红红火火，新增农家乐等 300 余家，从业人数达 3000 余人。涉县“四好农村路”打通了乡村振兴大动脉，带来了人气财气，凝聚了党在基层的民心。根据全县旅游事业发展和美丽乡村建设实际需求，按照“重在改建、适当新建、提高质量、确保安全”的战略方针，构筑了“三纵九横十八条支线”的公路框架。在建设过程中，所有乡村旅游通道要坚持“七项基本原则”，一是宁可路绕一丈，绝不毁树一棵。二是随坡就势、减少垫方。三是宁可多垒堰，也要不劈山。四是山水林田路综合治理。五是车在林中行、人在花中游。六是宜宽则宽、宜窄则窄，个别路段曲径通幽。七是以群众为基础，村为主体、乡为主导、县为支持。将道路建设与生态保护相结合，与地形地貌相结合，与沿线景点打造相结合，统筹规划、科学设计，因地制宜、就地取材，分步实施、快速推进，加快道路工程建设。

▲ 涉县小江南

## 三、科学规划：转变观念，667 工作机制创新

2017 年，涉县将灾后重建、扶贫攻坚、全域旅游、美丽乡村紧密结合，利用三个月左右时间，修建起了千里乡村旅游通道。建设之初，面对缺资金、缺规划、缺技术、缺设备等诸多困难，坚持以“功成不必有我”的担当和“功成必定有我”的勇气，从建设主体、筹资渠道和修建理念入手，探索出“667”工作机制。

六种力量修大路。涉县作为革命老区，群众基础好，党组织战斗力、凝聚力强。涉县充分发挥这一优势，一改过去乡村等靠要的思想，在实践中探索了“群众为骨干、党员为先锋、村庄为主体、乡镇为主导、县里为奖补、有工优先干”的道路建设思路。明确农村道路谁先干、谁干得好就重点支持谁的思想，打破吃大锅饭的格局。把鲜红的党旗插在工地上，把坚强的支部建在一线上。修路过程中，党员干部冲在先、干在前，哪里最困难，哪里就有共产党员的身影，充分起到了先锋模范带头作用，成为群众的主心骨、干事的顶梁柱。在党员感召下，广大群众主动让地让房，自觉投劳投工，每天参与施工的群众多时达 3 万多人，汇聚起合力攻坚的强大力量。

六条路径破难题。针对资金难题，通过多措并举，取得了花钱最少、办法最新、进度最快、效果最好、群众满意度最高的效果。第一，向上争。最大限度地争取中央、省、市奖补资金。并且创新资金使用方式，把交通、水利、住建、发改等各类资金归口管理、捆绑使用，集中力量办大事，把有限的资金用在刀刃上。共争取上级资金 1.6 亿元，用于千里乡村旅游通道建设。第二，市场筹。在道路两侧选择有利地形建设旅游服务区、服务驿站，以拍卖和合作经营、有偿取得道路经济带经营权的方式筹资；把修路土石用于造地数千亩，既解决占补平衡，又能解决部分资金问题。河道淤积清理出来的石子，除用于修路，还作为建材销售。第三，干部助。充分调动各乡镇、县直各单位特别是沿线乡（镇）村的积极性、主动性，县级领导干部带头捐资助路，机关党员踊跃捐款、垫付资金，全力以赴支持千里乡村旅游通道建设，1 万多名县乡村干部共捐资 3000 多万元，垫资 1 亿多元，用于千里乡村旅游通道建设。第四，社会捐。多渠道筹集社会资金，发动在家的涉县人和在外工作的神州涉县人和在涉县工作过、对老区有深厚感情的人士捐资捐物，涌现出了王树田、王爱英等许多捐资典型。共筹集社会资金 3 亿多元。第五，群众投。鼓励各村群众自愿出资出物助力修

路，提倡有经济条件的村加大集体投入力度，形成全民共投、共建、共享的生动局面。好多群众积极捐款修路，孩子们把自己的压岁钱都捐了。158 个村庄的群众有地的出地、有力的出力、有物的出物、有钱的出钱，共投入 2.65 亿元。第六，政府奖。财政收入在勒紧腰带保证必要投入的前提下，变财政直接投入为间接投入，采取奖补激励机制，群众投工投劳，“谁先干先奖谁”，县乡财政共投入资金 3.75 亿元，用于乡村道路建设，有效调动了镇村两级和群众自力更生、改变面貌的主动性和积极性。通过以上六种途径，大幅提高了效率、降低了成本，收到了花小钱办大事的良好成效，使一个原来需要 40 多亿元的千里乡村旅游通道，仅用了 4 亿多元便在百日奋斗中贯通。

七条原则护生态。坚持最大限度保护环境，坚持生态优先，绝不乱伐一棵树，绝不减少一片绿，不得不伐的，也要进行移植，确保全县绿量不减。最大限度地造福沿线群众。一是坚持“宁可路绕一丈、绝不毁树一棵”的原则。绝不乱伐一棵树、减少一片绿，对不得不伐的 500 余棵树木，进行了移植。其中青龙路、韩王天路、圣福天路等 5 条道路在设计修建中，为保留自然村原始风貌和各类树木，几经改线，充分尊重自然。二是坚持“随坡就势、减少垫方”的原则。巧妙借用山势地形，如云中天路、圣福天路等道路全部沿山脊顺势而下，尽量减少垫方，降低成本，保护资源。三是坚持“宁可多垒堰、也要不劈山”的原则。把修路、治河结合起来，充分利用河道石块筑路，合理利用资源。最大限度地保护山体和植被，坚决不破坏生态环境。即使需要劈山，也尽可能不用炸药，而是采取机械方法，防止山体松动。全长 4 公里的青龙路，途经三座山峰，为保护山体修筑一段挡墙高达 18 米，相当于六层楼高。四是坚持“山水林田路综合治理”的原则。以路为突破口，与生态保护相结合，与地形地貌相结合，与沿线景观打造相结合，带动沿线山水林田资源的综合开发、综合利用，

▲ 金色家园

推动农业增效、农民增收。乡道井关线路途经3个乡镇、10多个村庄，精心打造最大旱作梯田、传统石头村和山水文化，让“慢游体验、自在驾行”成为主要特色。五是坚持“车在林中行、人在花中游”的原则。把道路建成绿廊，道路延伸到哪里，绿廊就要建设到哪里，绿色成为千里乡村旅游通道的底色，全面实现了“一路两沟四行树”，圣福天路全长20余公里、144道弯，最高海拔达1200余米，山高坡陡，也坚持在峭壁上植绿、石缝里种草。六是坚持“宜宽则宽、宜窄则窄、突出山地特色、个别路段曲径通幽”的原则。根据地形地势，因地制宜地控制路面的宽度，打造具有山区特色的公路景观，圣福天路、韩王天路、栈桥路、壁挂路等10余条具有山区特色的公路景观，堪称山区奇特道路展示馆。七是坚持“以群众为骨干、党员为先锋、村庄为主体、乡镇为主导、县里为奖补、有工优先干”的原则。坚持依靠群众、发动群众，全员发动、全民参与，共建共享，偏店乡赵峪村郭学娥主动为筑路人员做饭送水，82岁的王苗廷老人和儿子“父子兵”冒雨仍坚守在工地。

“667”工作机制，以开拓创新、奋发有为、为民谋富、共奔小康的意志和决心，创造了涉县版的“667”农村公路建设模式，为全县推进乡村振兴战略开辟了新路径、奠定了坚实基础。得到了“全国四好农村路”复核督导组的充分肯定。“667”修路经验，是涉县县委、县政府党政领导和全县人民共同的智慧结晶，是生动落实党的十九大精神在基层的火红实践，也是“四好农村路”乡村振兴的有力保障，更是适合涉县人走的好路子。

### （一）以精致的业态，夯实全域旅游发展基础

在667工作机制的引领下，涉县走出的全域旅游发展之路是正确可行的。严格落实提升太行红叶大峡谷、紫云洞国际狩猎场等十大旅游项目，梯峡九沟十三渡、青阳椒香谷建设初见成效，引进了大型实景演出，开发了中华文化园，启动了娲皇古镇、固原古镇、雲瑶合和水镇、殷商古镇4大古镇筹备建设工作，旅游景区的体量更大、质量更优。在2017年建成东部千里旅游通道基础上，又开工建设了中、西部16条乡村旅游通道。依托旅游通道，各类乡村种植园、养殖园、采摘园以及度假村等如雨后春笋，蓬勃发展，广大农民群众吃上了旅游饭，千里大通道变成了千里隆起带，实现了“一路七兴”，特别是修建的云中天路、韩王天路、王后天路、圣福天路，穿行于

悬崖峭壁之间，比贵州晴隆二十四道拐还要险要，被誉为“最美太行天路”。利用春节、五一、端午、国庆等节日先后举办了中国北方年文化节、北方六省最大的民俗庙会、红色国际马拉松、全国旗袍大赛等十几个重大活动，县域游客总量在全省连续 13 个月排名第一，创造出“昔日三十万大军出太行，今朝千万游客进涉县”的新盛景，实现了从一日游向多日游、全年游延伸的重要突破，带动了旅游全链条、全要素消费，吸引了游客、社会投资人等各类要素的聚集，涉县成为以全域旅游拉动经济社会发展的火红实践地。2018 年 9 月到 12 月，“走进生态肺城・畅游诗画涉县”2018 中国・涉县金秋旅游季活动成功举办，活动涉及 19 项内容，包括世界各国文化展演暨狂欢节、奇石根雕博览会、百里万人徒步大赛、涉县红叶文化旅游暨国际摄影节等，真正让游客到涉县体验冀南风景，感悟太行神韵，品尝涉县美食，在活动中将涉县的旅游品牌擦亮叫响。

### （二）以吃苦的作风，扛起全域旅游发展重任

在 667 工作机制的促进下，涉县领导干部与基层群众之间的深厚情谊是不可分割的。涉县县委班子精诚团结，始终做到风雨同舟、共克时艰，以坚强的团结出凝聚

▲ 一把手以身作则现场指挥工作

力、出战斗力。坚守规矩，始终做到勤政廉洁、公道正派，切实以县委班子的表率作用、实际行动，引领全县广大干部群众一心一意谋发展、全力以赴抓落实。要锤炼作风，始终当好榜样、树好形象，大家一起开动脑筋、甩开膀子、撸起袖子、挽起裤腿、迈开大步，脚踏实地加油干、把党和人民的信任化作不竭动力，把历史赋予的重任化作不懈努力，在省市委的坚强领导下，团结带领全县广大党员干部群众，同心同德、砥砺奋进、苦干实干、攻坚克难、努力奋斗。县四套班子带头，一级带着一级干，一级做给一级看，大家掉皮掉肉不掉队，流血流汗不流泪，以“铁在烧”的激情、“炸碉堡”的魄力、“虎下山”的劲头、“箭离弦”的速度和“过日子”的信念，啃下硬骨头，搬开拦路虎，铸就了旅发速度、旅发震撼、旅发精神，锤炼了攻坚铁军。有群众高兴地写下打油诗赞美涉县的工作作风：“把路修到天上，双手托起月亮，邀请嫦娥下凡，欣赏涉县风光。”

## 四、智慧先行：便捷高效，提供优质交通服务

涉县全力打造全域旅游发展新亮点，积极推动全域旅游数字化、智慧化进程，积极推进旅游景区服务智能化，县内主要景区实现网络化服务、数字化管理，高标开展了旅游信息化平台体系建设，初步建立了涉县旅游信息平台，实现旅游监控、治安、客流信息汇总，完善了县域旅游标识体系，投资一百余万元在县内所有景区、乡村旅游点、公路沿线、主要出入口，开展标识标牌提升，实现标识全覆盖。

### （一）发扬工匠精神，力求一举多赢

为进一步提升交通服务水平，在充分利用如今相对成熟的乡镇、景区旅游服务中心、农家乐等服务设施的前提下，在原有的基础设施上进行改造完善，必要时新建、新增设施且充分利用具有优良性价比的、反映健康绿色生活的新技术、新材料、新设备。涉县坚持以游客为中心，投资 1000 余万元建成了涉县游客服务中心，为广大游客提供免费旅游咨询、票务、商务、会议、购物、休闲娱乐等综合性的旅游服务。全县 17 个乡镇、村全部启动乡镇旅游服务中心、村全域旅游发展服务中心（站）、旅游驿站、小型停车场等旅游基础配套设施建设，不仅考虑到来涉游客的出行方便，也为

当地居民的便捷生活提供了一定的保障，力求提供更高效、更周到、更细致、更及时的服务，让游客享受到宾至如归的贴心服务和温暖体验。

如表 6-3 所示，根据涉县的实际情况规划风景道驿站，配置简单服务驿站、观景平台为游客提供观景的停留空间，休息点设置在其他驿站的空缺路段，露营点设置在资源点较多，交通便利的区域。

表 6-3 服务驿站配套设施

| 配套设施 | 功能 |
| --- | --- |
| 游客休息区 | 为游客提供等候休息的区域、残疾人服务点 |
| 卫生间 | 男女卫生间、残障卫生间 |
| 旅游商品展卖 | 纪念品、特产、食品饮料等展卖 |
| 综合服务 | 提供信息咨询服务、便民服务、雨伞、轮椅等工具租借服务以及处理突发事件等 |
| 租赁、换乘 | 设除自驾车以外的其他交通产品租赁，提供防寒用品租赁 |
| 其他功能 | 移动手机服务处（充电、缴费）、公用电话、旅游安全提示 |

### （二）构建集散体系，营造大美交通

涉县依托重点的旅游发展片区和交通枢纽构建旅游集散服务体系，完善景点门票销售、火车票与客车票代理，提供酒店订房、车站接送、自驾游车辆租赁、信息咨询、信息查询、导游管理、投诉处理、救援等服务功能。在提供交通服务方面持续完善交通沿线及关键节点的旅游交通引导标识系统，将观景台、旅游标识标牌等设施与交通基础设施统一规划、设计。今后将继续重点提升高速公路、国道、省道、旅游专用道路以及旅游景区、旅游度假区、乡村旅游点、商业步行街区等游客集中区域的旅游交通引导标识体系，实现旅游交通标识的设置规范、清晰明确、快速识别。

▲高速公路景区交通标识牌

▲旅游通道景区交通标识牌

### （三）紧跟市场需求，提供智慧服务

智慧交通信息服务应满足多样化、个性化的市场新需求。涉县智慧交通服务建设从政府层面出发，贴近行业部门智慧交通板块，以智能行车、智能停车以及公共出行、为切入点，面向市民和游客多方式、多点位、多内容的信息服务需求，以手机APP、微信、多媒体等智能终端为载体，加大力度建设景区和乡村旅游点停车场，增设驿站、观景台、自驾车旅居车营地、厕所等服务设施；支持、鼓励有条件的农村公路增设简易驿站、停车带和观景台，鼓励在交通干线和旅游景区之间增设停车场并实现景区接驳服务。实现智能服务，打造便民出行、智慧出行、享受出行的交通信息服务，进一步提升市民出行质量、游客旅行质量、县域交通发展质量。

## 五、全域联通：高标极致，打造千里乡村旅游通道

“北上太行山，艰哉何巍巍。”这是曹操在《苦寒行》中的诗句。涉县，地处晋冀豫三省七县交界。“举头尽见奇峰峙，着足却无半步平。”特殊地势使行路难长期成为制约老区人出行和致富的沉重桎梏。闭着眼睛不用看，车子一颠到涉县，这是20世纪八九十年代的公路真实写照。涉县路阻车堵，村民行路难、就医难、山货买卖难，远远落后于周边县市区。近年来，涉县交通网络得到大幅提升，三纵三横大架构，40分钟交通经济圈，彻底走出落后窘况。但2016年“7·19”特大洪灾后，全县公路特别是乡村公路再遭重创，涉县道路建设面临严峻的挑战和考验。修一条方便群众出行、帮助群众致富、带动区域发展的“金桥富路”是群众期盼已久的事，更是县委、

▲ 清漳河风光

县政府心头的牵挂。

### （一）千里通道：道路促进景观，全域以点带面

2017 年，涉县修建了千里乡村旅游通道等一大批精品项目。涉县千里乡村旅游通道北起最西北的偏城镇圪腊铺村，南到最东南的合漳乡田家嘴村，全长 660 公里，途经偏城镇、鹿头乡、西戍镇、偏店乡、井店镇、更乐镇、关防乡、西达镇、合漳乡、固新镇 10 个乡镇 158 个村。这条路将太行红叶大峡谷、太行梯田大峡谷、团结湖小三峡、黄花山和洞天福地等景区连接了起来，在涉县东部、东南部、北部、西北部建起了旅游通道大动脉，使得晋冀豫三省旅游资源得到有效融合，对于全域旅游的快速发展具有重要意义。为打造“太行梯田大峡谷”和“太行红叶大峡谷”，以及建设东部千里旅游通道带、中部休闲养生带和西部生态支撑带提供了交通保障。“千里乡村旅游通道建设，是对党忠诚，对人民负责，是以干实事、拿硬活、见实效的实际行动贯彻落实党的十九大精神的具体实践。100 天左右的时间里，全县 15000 多名干部群众，发扬愚公移山的精神和旅发精神，开创新思路、探索新模式，采取‘群众为

骨干、党员为先锋、村庄为主体、乡镇为主导、县里为奖补、有工优先干’的新机制，共同打赢了这场人民战争；干就干群众期盼的好事，干就干全县发展亟须的难事。”涉县千里乡村旅游通道通车活动上，县委书记汪涛豪情满怀。

涉县人民在县委的强有力领导下，充分发扬新时代愚公精神，克服艰难险阻，完成了一个又一个看似完不成的任务，创造了一个又一个奇迹，带动了沿线 2000 多家服务、旅游机构的成立，带动 10 个乡镇 158 个村、1 万多贫困人口在家门口创业致富。2018 年上半年来涉旅游超过 800 万人次，位列河北第一。通过修路，实现了一路七兴，即党建示范兴、精准扶贫兴、旅游发展兴、生态经济兴、文化体验兴、休闲养生兴、愚公精神兴。

### （二）公路旅游：拉动经济发展，助推乡村振兴

涉县坚持“保护和挖掘文化内涵，突出涉县地方特色”的原则，结合县域历史、文化脉络、景观文化、山水特色等地域特色，通过公路文化景观建设，营造了“快进慢出、移步换景、流连忘返”的农村公路通行环境。实现了由公路文化向文化公路的转变，由旅游公路向公路旅游的转变。涉县旅游公路变成了公路旅游，沿线百姓吃上了“旅游饭”，发起“旅游财”，把“高颜值”转换成了“高产值”。涉县的“四好农村路”，每一条道路都是一曲精神赞歌，都是一场文化展演，都是一段民俗传承，一路一特色，路路美景殊。截至 2018 年，沿线 150 多个村庄的乡村旅游红红火火，新增农家乐等 300 余家，从业人数达 3000 多人，带动近 300 户贫困户脱贫致富。

“这个周末又要过来 3 个旅行团，土鸡小米饭是人们必点的套餐，我得提前准备好。”

响石岭农庄火了。2018 年最火的一个农家乐在哪儿？那一定是年轻老板刘志刚的响石岭农庄。2017 年刘老板的小餐馆不足 150 平方米，一转眼，就来了个 180 度华丽大转身，现在已经是一个集采摘园、生态餐厅、窑洞客房等融为一体，总面积达到 1000 多平方米，可同时接待游客 400 余人的农家乐大咖了。刘志刚感触最深的就是，响石岭因圣福天路而出名，自己的生意紧跟着千里旅游公路的客流量，节节攀升，日益火爆。

“有了路，就是不一样，想不富都不行！”

郝赵红薯小镇富了。郝赵村是涉县有名的优质红薯主要产地，产出的红薯个大、甘甜、糯面，300 年手工制作历史，使这里的红薯粉条细腻、劲道。过去交通不便，红薯不值钱。2017 年的灾后路井关线，从过去的不足 4 米拓展到近 9 米。村里集资垫地 700 余亩，种起了有机红薯苗。2018 年又建了一座红薯产品交易市场，2018 年秋收 280 余万斤，加工粉条 30 余万斤，直接进了各大超市，利润达 450 余万元，仅红薯一项就人均增收 5000 元。

“路好了，视野更开阔，不敢想的事，都能成为现实！”

王金庄梯田小米香了！王金庄电商王虎林，感觉 2018 年变化特别大。自从门前的这条路拓宽改建后，十里八乡的乡亲们，无论是日常用品、还是大件家电，更热衷于手指一点，网上轻松购物，反正有虎林送货上门。王老板主推的太行山梯田小米，石碾驴磨，原始口味香飘万里。2018 年秋天光卖米，就达 3 万多斤。甚至有网上慕名购米的福建朋友 ，坐着飞机将米带到了国外的亲戚家。2018 年，省交通厅宣传中心还来拍了以他为故事原型的微电影《米香飘万里》，并获得了中交部第二届微视频大赛优秀奖。的确，王虎林除了卖米，更热衷于太行梯田保护、王金庄摄影展、网上直播售卖农产品……机会越来越多！

“过去村里好几年也没见过这么多人，现在来去方便，全域旅游让我们看到了希望！”

刘家山水醉了！刘家是井店镇的一个小山村，紧邻井关线，因有一湾碧水，更显灵秀。过去这里是空谷幽兰无人赏。现在路路通达，这里就成为人们眼中的“太行漓江”，万家灯火时，整个山村在红灯笼的映衬下更显喜庆娇媚。刘家，留家。更多人留下来，在这里住农家院，吃农家饭。国庆期间日均接待游客 3 千人以上，5 家民宿爆满，日收入近万元。

给乡村振兴注入活力，除了外部“输血”，还得积极内化乡村“造血”功能。涉县依托得天独厚的生态优势、民俗特色，农旅融合发展，将山水资源转化为经济资源，形成了农旅融合新业态“民俗旅游 +”模式。对涉县而言，秀美宜人的自然风光是它的“外形”，丰富多元的红色文化、民俗文化、女娲文化则是它的灵魂。当前，昂扬前行中的涉县，正在以文化建设为载体，以旅游发展为中心，以服务群众为根本，为乡村振兴“塑形铸魂”。

**责任编辑：**陈　冰
**责任印制：**冯冬青
**封面设计：**中文天地

---

**图书在版编目（CIP）数据**

全域旅游的涉县模式 / 汪涛，张金山编著．-- 北京：中国旅游出版社，2020.3
（全域旅游创新模式研究 / 戴学锋主编）
ISBN 978-7-5032-6351-4

Ⅰ.①全…　Ⅱ.①汪…　②张…　Ⅲ.①地方旅游业－旅游业发展－发展模式－研究－涉县　Ⅳ.①F592.722.4

中国版本图书馆 CIP 数据核字（2019）第 206653 号

---

**书　　名：**全域旅游的涉县模式

---

**作　　者：**汪涛　张金山　编著
**出版发行：**中国旅游出版社
（北京建国门内大街甲 9 号　邮编：100005）
http://www.cttp.net.cn　E-mail:cttp@mct.gov.cn
营销中心电话：010-85166536
**排　　版：**北京中文天地文化艺术有限公司
**印　　刷：**北京工商事务印刷有限公司
**版　　次：**2020 年 3 月第 1 版　2020 年 3 月第 1 次印刷
**开　　本：**787 毫米 ×1092 毫米　1/16
**印　　张：**10.5
**字　　数：**177 千
**定　　价：**78.00 元
**I S B N**　978-7-5032-6351-4

---